KB210691

신앙고민 백문백답

신앙 고민
백문백답
100 100
뻔한 질문에 뻔하지않은 대답

김선교 지음

규장

질문하라, 말씀에 답이 있다!

이 책은 사실 유튜브와 인스타에서
'초간다 메시지'라는 컨텐츠로
먼저 시작되었다.

청년들이 교회에서 듣고 배운 말씀으로
실제 삶의 현장을 살아내려고 할 때
삶과 부딪히며 질문이 생겨난다.

하지만 이런 것도 질문일까?
물어볼 곳도 마땅치 않고
질문해도 시원한 답을 얻지 못해서
그냥 입 다물고 교회 일이나 하자 하고
방치해놓았던 우리의 수많은 질문들.

그 질문에 대한 의문이 풀리지 않은 채
질문을 그대로 묵혀놓으면
처음에는 단순한 질문이었는지 몰라도
해결되지 않은 질문들이 결국 반감을 만들어낸다.

마치 성경이 그 작은 질문에도 답해주지 못하는
무능력한 말씀이라고 생각되기 때문이다.

혹은 내가 일상에서 하는 실제적인 질문들은
취급하지도 않는, 현실과 동떨어진
비현실적인 말씀이라고 생각하게 된다.

기억해라.

좋은 질문이 좋은 답을 얻는다.
좋은 답을 얻게 하는 좋은 질문은
우리의 일상에서 시작된 사소한 질문으로부터 만들어진다.

우리가 갖게 되는 그 사소한 질문들이
결국 우리로 하여금 반드시 해야만 했던

중요한 인생의 본질로 우리를 이끌어가게 될 것이다.

궁금하고 질문이 생기면 찾게 된다.

어쩌면 우리가 성경이 재미없었던 이유는
질문하지 않고 궁금해하지 않았기 때문인지도 모른다.

단순하고 사소한 질문이라도 괜찮다.
그 질문과 궁금증이 우리를 성경 앞에 세운다면
성경은 그 단순한 질문을 통해 우리를 본질로 이끌어줄 것이다.

사실 초간다 메시지는 답을 제시하기 위한 것이 아니었다.
그 질문을 통해 본질을 향할 수 있도록
방향을 제시하는 것뿐이다.

말씀 앞에서 얼마든지 질문할 수 있는 용기,
고민을 함께 풀어낼 수 있는 분위기를 조성하는 것이다.

어쩌면 그냥 지나쳤을지도 모르는 흔한 질문 속에
성경의 본질 속으로 한 걸음 더

다가갈 수 있는 중요한 원리가 담겨 있었을지도 모른다.

말씀 앞에서 생긴 질문은 사소한 것이라도
그냥 지나치지 말자.
모든 질문에 대한 근본적인 해답이
모두 들어 있는 것이 바로 하나님의 말씀이다.

말씀 앞에서 의문과 질문이 해소될 때
말씀이 현실이 되고
재밌는 신앙생활이 펼쳐진다.

김선교

프롤로그

1 싫어하는 사람과 어떻게 함께 해요?
#관계 #꼰대 #케미 #팀워크

2 연애와 결혼도 허락을 맡아야 해요?
#성 #연애 #결혼 #혼전순결

3 재밌고 즐거운 건 다 죄라고 하잖아요!

#술 #담배 #자살 #죄

4 기분이 제 말을 안 들어요!

#감정 #기분 #분노 #용서

5 왜 자꾸 성경을 읽으라 그래요!

#말씀 #성경 #설교 #묵상

6 기도를 5분 이상 할 수 없는데요?

#기도 #믿음 #구원 #신앙생활

7 지키기 어려운 것만 시키면서 순종을 바라요?

#순종 #선택 #분별 #타협

8 신앙생활에는 아이러니가 너무 많아요!

#우선순위 #전도 #MZ #비전

싫어하는 사람과
어떻게 함께 해요 ?

#관계 #꼰대 #케미 #팀워크

우선 네가 모함이라고 하니까
모함이 아닐 수도 있겠다는 생각이 든다.

일단 첫 번째,
근거 없는 비방이 아닐 수도 있다.

두 번째, 욕을 먹고 모함을 들었다면
열 받고 기분이 어려워지는데
용서해라, 사랑해라, 이렇게 이야기하면
그게 돼? 안 돼? 당연히 안 되지.

용서와 사랑은 용서받고 사랑받은 사람만이
할 수 있는 일이란 말이야.
그래서 우리는 이런 식으로 접근해야 해.

"은혜 입은 죄인에게
못할 만한 말은 있어도
못 들을 말은 없다."

은혜 입은 죄인은
원래 그것보다 더한 취급을 받았어야 하는 사람이야.
이걸 기억해야 해!

우리가 억울하면 얼마나 억울하겠어?
예수님만큼 억울하겠어?

"아니잖아!"

오히려 모함하는 자와 뒷담화하는 자 때문에
무엇을 알게 된 거냐면 '은혜'를 알게 된 거야.
이걸 알게 되면
그때는 용서와 사랑이 가능해.

누가 날 모함한다면 이 말을 기억해봐!

"은혜 입은 죄인에게
못할 만한 말은 있어도
못 들을 말은 없다."

사람과 사람 사이의 관계에는 정답이 없어.

사람마다 다르고
어떤 영역에서 예민하게 반응하는지를
서로 모르기 때문에
사람을 대하는 건 지혜가 필요한 영역이야.

예를 들면 "야, 이 돼지야!" 이렇게 이야기할 때
어떤 사람은 되게 정겹게 듣고,
어떤 사람은 "뭐 돼지라고?"
이렇게 불편하게 받는 사람이 있어.

그래서 처음 관계를 맺어갈 때는
서로 아무 말이나 던져가면서
그들만의 선을 만들어간단 말이야.

그런데 그렇게 만들어가는 사이에
'어? 저 사람 말을 막하네?'라고 생각하고

이미 마음이 닫혀버릴 수 있어.

그래서 제일 좋은 건 뭐냐면
첫 번째, 선을 제시하는 거야.
"이런 행동, 이런 말은 내가 굉장히 예민해요.
그러니 안 건드려줬으면 좋겠어요"라고
선을 미리 명확하게 제시하는 게 중요하단 말이야.

두 번째는
제시한 선에 있어서 일관된 태도를 보여야 해.
기분 좋을 때는 받아주고, 안 좋을 때는 안 받아주면
선이 있다고 생각하는 것이 아니라
'저 사람은 성질이 더럽다'라고 생각해

그러니까 처음에 선을 명확하게 제시하고
그 제시한 선을 일관되게 지키는 것이 중요해.

사실 사람과 사람을 비교하면 그래.
사람을 기준으로 삼으면
자격지심과 자기연민이 찾아 들어올 수밖에 없어.

자격지심과 자기연민으로부터
자유할 수 있는 방법은 딱 하나야.
크신 하나님을 묵상하는 것!

그럼 반사적으로 내가 얼마나 작은지가 드러나고
그 크신 하나님이 이렇게 작은 나를
얼마나 귀히 여기시고 사랑하셨는지가 드러나기 때문에
자기연민으로 결론이 나지 않고
은혜로 결론이 나게 돼.
같은 걸 봤는데 전혀 다른 결론이 나는 거지.

그러니까 은혜로 귀결되고 싶다면
크신 하나님을 묵상해.
"그 크신 하나님이 이렇게 작은 나를

돌아보시고 살피시고 사랑하셨다"라는
은혜로 결론이 내려지면
더 이상 자격지심과 자기연민에
사로잡혀 있을 필요가 없게 돼.
얼마나 멋있니!

자격지심에 빠져 있지 마!
알았어?

교회에서 리더, 순장 등등
사람을 섬겨야 하는 위치에 있는데
어떻게 해야 할지 모르겠다면,

섬기는 사람은 주접떨면 안 된다는 것을 먼저 명심해.

이게 무슨 말이냐면
주제 파악하라는 말이야.
'주제 파악'

내가 말해서, 내가 어떻게 해서
사람이 바뀌는 게 아니야!

내가 어떻게 해서 바뀔 거였으면
벌써 사람 다 바뀌었어.

사람이 바뀌는 이유가
'내 말' 때문이거나 '다른 이익'이었다면

다른 말에 의해서, 이익이 없어졌을 때
환경에 휘둘릴 수 있단 말이야.

그래서 사람이 변하는 이유는
말씀 그리고 복음 때문이어야 해.
근거가 확실해야 된다는 말이야.

그래서 나는 주제 파악을 해야 하는데
무슨 주제 파악을 하느냐?

내가 오늘 이 사람에게 씨앗을 뿌리고
심는 역할을 하는 것일 수도 있고,
뿌린 씨앗에 물을 주는 역할일 수도 있고,
씨가 뿌려지고 물이 부어져서 열매가 맺혀졌으면
그것을 수확하는 역할일 수도 있단 말이야.

그런데 가끔 어떤 사람들은 착각을 해.
쉽게 열매를 맺으면 자기가 어떻게 해서
열매가 맺혔다고 생각하는 거야.

이런 걸 주접떤다고 그래.

명심해! 분명한 성경의 원칙이 있어.
내가 뭔가를 처음부터 끝까지 다 한 게 아닌데도 불구하고
내가 열매를 수확하고 있으면
누군가가 씨앗을 심어놓았기 때문인 거야.
나 때문에 변한 것 같지만
사실은 누군가가 미리 씨앗을 심고
물을 주는 과정이 있었기 때문이라는 말이야.

내가 다 했다고 착각하면 교만해져서
수확하는 역할이 아니라
씨앗을 심는 역할이 주어져서
열매가 맺히기를 기다려야 하는데도
예전에 자신이 수확해보았던 것만 기억해서
열매가 당장 맺혀지지 않는 것을 보고
저 사람은 문제가 있다고 생각하게 돼.

"너 왜 안 바뀌어?"
"너 왜 안 변해?"
이렇게 말이야.

그러니까 사람을 섬기고 싶으면
먼저 주제 파악을 해야 해.

나도 항상 스스로 돌아볼 때 제일 많이 하는 말이야.
"주제 파악하자!"

어떤 사람을 섬기는데 큰 변화가
내 눈앞에 잘 드러나지 않는다면
나는 이렇게 생각해.

'지금 내가 씨를 심는 역할이구나,
지금 나는 물을 주는 역할이구나.'

만약 수확을 했다면
그것은 누군가가 씨를 심었고
누군가는 물을 주었다는 것을 항상 기억하고 있어야 해.
모든 것이 합력하여 선을 이루어
하나의 열매가 맺혀지는 거야.

그렇기 때문에 당장 열매가 보이지 않는다고
낙심하거나 주저앉을 이유가 없어.
오늘 내 역할은 거기까지인 거야.
이런 태도가 굉장히 중요해.

사람은 말로 바뀌는 거 아니야!

말씀이 능력인 거야!
만약 바뀌었다면 그건 말씀의 능력인 거야!

잊지 말자. 먼저 주제 파악하자고.
알겠어?

내가 딱 그 스타일이야.
눈치 되게 많이 보고
'혹시 저 사람, 나 싫어하는 거 아니야?'
'저 사람, 나를 어려워하는 거 아니야?'
이런 생각에 매여 있었던 사람 중 하나였어.

그래서 나는 이것을 해결하기 위해서
담대해지고, 사람들의 시선을 무시할 수 있는
힘을 기르기 위해서 노력했는데
이게 마음처럼 안 돼.
애를 써도 잘 안 되니까
'난 눈치 많이 보는 사람' 이렇게만 생각을 해왔어.

그런데 놀랍게도
내가 가지고 있는 성품과 다른 모든 것이
딱 하나! 사랑의 대상, 주인만 바뀌면
모든 것이 합력하여 선을 이루어서
사역에 굉장히 유익한 것을 가져다주더라고.

예전에는 눈치를 보면
하나님 경외함이 없어서 그런 것으로 생각해서
'난 사람들에게 굉장히 매여 있다'라고 생각을 했어.
근데 하나님 말씀대로 순종하고 살려고 결정했더니
눈치 보는 게 사역하는 데 진짜 많은 도움이 되더라고.

무슨 말이냐면 내가 사람을 섬기다보니까
이 사람이 지금 어떤 고민을 하고 있는지,
어떤 상태인지, 내가 금방 알아내는 거야.
무슨 일 때문에 어려워하는지는 몰라도
'어? 이 사람 지금 뭔가 있구나'
표정의 변화와 행동의 변화에
굉장히 예민하게 반응하여
그를 도와줄 수 있는 좋은 요소가 되더라고.

내가 "너, 무슨 일 있냐?"라고 했을 때
애써 감추는 사람이 아니라면
십중팔구는 다 무슨 일이 있더라고.

눈치 보는 것을 해결하려고 했었지만
지금은 그렇지 않아.
오히려 더 개발시켰어.

더 예민하게 사람을 관찰하고
이 사람이 무엇 때문에, 나의 어떤 행동 때문에
어려워하는 건 아닌지 점검하고 돌아볼 수 있는
너무 좋은 요소가 됐단 말이지.

내가 바꾸고 없애야 할 거라고
생각했었던 것을 없애려고 하지 말고
하나님나라를 위해서 사용해야겠다고 결심해봐.
그럼 굉장히 유익할 거야.

하나님 앞에서 감사함으로 받으면
버릴 게 없어. 다 쓰여질 수 있는 거야.
그러니까 걱정하지 마.
하나님은 나귀 턱뼈를 천 명도 때려잡을 수 있는
무기가 되게 하실 수 있는 분이셔.

그러니까 너무 자책하고 연민하고
막 틀에다 가두려고 하지 말고
하나님이 이걸 어떻게 사용하실지를 기대해봐.
오케이?

⑥ 꼰대가 싫어요!

꼰대!
굉장히 많이 들리는 말이고,
기성세대가 많이 듣는 말 중에 하나야.

문제는 세대갈등이 굉장히 심해진다는 거야.
경제와 문화가 급속도로 성장하고 발전하는 바람에
기성세대는 이전의 것도 적응을 다 못했는데
다음으로 넘어가버리는 일이 벌어졌고

다음세대는 아프리카에서나 일어났을 법한 일들이
우리나라에서도 일어났었다고 하는데
한 번도 경험해본 적이 없으니까
전혀 공감되지 않아.

서로의 상황이 공감이 안 되니까
여러 가지 문제들과 상황들로
세대갈등이 심해졌어.

그런데 성경에서는
세대와 세대를 맞물려 뒀어.
왜냐하면 기성세대가 먼저 경험한 것이 정보가 되고
그 정보가 축적되어 발전을 하기 때문이야.
과학과 문명도 그렇게 발전했어.
믿음의 원리도 마찬가지야.

만약에 우리가 꼰대라는 말을 통해
우리의 귀를 닫아버리면
그분들이 직접 삶으로 경험하고 걸으셨던
믿음의 정보의 집합체들을 다 날려버리는 거야.

그러면 무슨 일이 일어나겠어?
다시 처음부터 시작해야 해.
다시 정보를 쌓아야 한다고.

처음부터 시작하지 않기 위해서 기성세대들에게
너희가 보고 들은 것들을 기록하고
다음세대에게 가르치라고 말씀하셨어.

그런데 내가 듣기 싫은 말을
"꼰대라서 그래!"라고 귀를 닫아버리면

우리는 정보 없이 새로 개척하고
다시 시도해야 한단 말이야.

내가 너희한테 알려주는 믿음도
선배님들이 가르쳐주셨던 내용을 기반으로
업그레이드해서 알려주는 거야.
안 그러면 나도 처음부터 다시 시작해야 했어.

그래서 내가 제일 듣기 싫은 말이 꼰대야.
우리가 꼰대라는 말을 계속 사용하면
우리는 배우지 않겠다는 것으로 끝나지 않아.
선배들도 가르치는 일에 소극적으로 변해.

물론 꼰대라는 표현을 주로 언제 쓰는지 나도 알아.
자신이 경험한 것만이 옳다고 주장하며
막무가내로 밀어붙이는 게 얼마나 짜증나는지 안다고.

하지만 앞으로 벌어질 일들에 대해서
개척하고 돌파하려면
그분들이 걸으셨던 경험의 정보가 필요해.
그래서 우리는 배우는 자리에 서야 하는 거야.

그러니까 제발 시건방진 소리하지 말고 배우자고.
정말 배울 게 없는 사람한테도
저렇게 하지는 말아야겠다는 것은 배울 수 있어.

우리가 겸손한 마음으로 배우려고 하면
선배들도 정말 중요한 알맹이만 따로 모아서
가르쳐주시지 않겠니?
우리보다 먼저 믿음의 길을 걸어갔던 것만으로도
이미 존중받아 마땅해.

믿음의 선배들도 우리가 마음에 안 들 때가 많아.
선배들이 살았던 신앙의 걸음은
정말 전투적이고 역동적이었는데
지금은 상황이 많이 달라져서 굉장히 답답할 거야.
선배들이 먼저 걸으셨던 그 걸음 덕분에
우리가 오늘 치열한 고민을 할 수 있게 되었음을 잊지 마.

선배들은 여유를 갖고 기다려주고
품어주는 마음이 필요하고
우리는 겸손히 배우려는 자세가 필요해!

그렇게 되면 선배들이 차마 가지 못한 길,

보지 못했던 일들을 우리가 이뤄낼 수 있어!
그러면 세대 간의 연합이 일어날 거라고 확신해!

다음세대 알겠어?
꼰대라는 소리 하지 마.

연합이 꼭 필요해요?

우리가 보통 연합을 생각하면
공동의 목표와 목적을 가지고
같이 일을 한다는 개념을 생각한단 말이야.

그런데 단체마다 같은 말을 하는데도
언어나 표현방식이 달라서 같이 일하기가 쉽지 않아.
그래서 우리가 일을 같이하는 개념을
연합이라고 생각하면
연합하기가 어렵고 불가능하다는 생각이 든단 말이야.

근데 성경에서 말한 연합은
그리스도가 머리이시고 각 몸 된 지체들이
각자의 역할은 다르지만, 공동의 목적을 갖기 때문에
한 몸이어도 손이 손의 역할을 하고
발이 발의 역할을 할 수 있다고
연합을 설명하고 있어.

나도 같이 일하기 진짜 싫은 사람이 있어.

진짜 '아, 얘랑은 일 도저히 못 해 먹겠다'라고
생각한 사람이 있어.
하지만! 그렇다고 해서 그 사람이 맡고 있는 역할과
사역 자체를 '틀리다'라고 말할 순 없어.
왜냐하면 그 사람이 그 역할을 맡아주고 있기 때문에
나도 맡은 사역과 역할을 감당할 수 있는 거거든.
그러니까 성경에서 말하는 연합이 이루어지는 일이란
'인정'을 말하는 거야. 그 사람의 역할에 대한 인정.

그리스도를 '머리'로, '주'로 시인하는 사람과 공동체라면
그 사람이, 또 그 공동체가 맡고 있는 역할을 인정해줘.
그렇게 인정했을 때 내가 나의 사역을 할 수 있어.

인정하기 싫으면 네가 다 해.
네가 발의 역할도 하고,
손의 역할도 했다가 코의 역할도 하고
눈의 역할도 하고 전부 다 하라고.
못하잖아?

몸이 하나이기에
'내가 다 할 수 없다'라는 인정과 함께
'그가 거기서 그 역할을 맡아주고 있기 때문에

내가 오늘 내 역할을 맡을 수 있다'라고 하는 인정!

그렇게 되면
같은 그림을 그리고 있는 것처럼 보이지는 않지만,
하나님나라에 측면으로 봤을 때는
같이 연합하여 하나님나라를 풍성하고 왕성하게
이루어내는 일을 함께하고 있게 돼.

우리 안에 그것만 인정된다면
그 연합을 이루고 계시고,
이루어져 가는 일을 볼 수 있게 될 거야.

자신의 분깃과 자신의 역할이 더 중요하다는 주장 말고!
'그들이 거기를 맡아주고 있기 때문에
내가 오늘 내 역할을 감당할 수 있다'
'네가 있어서 오늘 내가 있다'
이러한 인정만 되면

그리스도 안에서의 연합이 가능할 거라고 믿어.
이미 되어지고 있고.

8 연합은 어떻게 할 수 있나요?

고린도전서 12장을 보면
머리는 하나이지만, 그 머리를 통해서
각 지체가 연결되고, 결합되고, 도움을 받아서
각 지체의 역할대로 수행할 때
몸이 건강하게 자라날 것이라고 말하고 있어.

즉 손은 발이 될 수 없고, 발은 손이 될 수 없고,
코는 눈이 될 수 없고, 눈은 코가 될 수 없는 거야.
각자 다르지만, 하나 될 수 있는 유일한 힘은
머리가 같은 거야.

연합을 방해하는 가장 근본적인 문제는
모두가 머리가 되려는 교만함이야.
머리는 오직 예수 그리스도여야만 해.
모든 결정권과 주권을 예수님이 가지고 계셔야 해.
그 권위 아래서, 모든 지체가 각자의 역할을 할 때
연합이 가능해지고 하나의 액션이 나와.

그런데 눈의 역할을 하는 자가
코의 역할을 인정하지 않고
"너 왜 못 봐! 이걸 봐야지"라고 하면
계속 불협화음이 나오게 돼.

귀의 머리도, 코의 머리도, 눈의 머리도,
손의 머리도, 발의 머리도 하나여야 한다고.
그래야 연합이 가능해져.
자기가 머리가 되려는 태도 때문에
연합이 안 되는 거야.

기성세대도 맡은 역할이 있고,
다음세대도 기성세대의 경험을 토대로
기성세대가 경험하지 못한 영역들을
돌파해야 하는 역할이 있어.
그래서 서로를 존중해야 해.

그렇다고 서로의 옳음만 주장하라는 건 아니야.
예수 그리스도가 우리의 머리가 되는 인정이 있어야 해.
그래야 각자가 맡은 역할이 눈에 들어와.

서로를 각자의 기준으로 보면

서로 약점만 드러날 뿐이야.
결국 서로를 판단하고, 정죄하게 돼.

기성세대도 자신들이 모르는 영역이 있음을 인정해야 해.
이전의 방식만이 옳다고 주장하면
절대 연합이 일어날 수가 없어.

다음세대가 맡아서 앞으로 돌파하고,
개척하는 영역에 대한 존중과 배려를
기성세대가 먼저 보여주고
다음세대가 선배들의 경험과 노하우를
존중하고 배우려는 태도를 가지면
서로 연합하여 하나님나라를 세우는 일이
가능해질 거라고 나는 믿어.

보라 형제가 연합하여 동거함이
어찌 그리 선하고 아름다운고
시편 133편 1절

2

연애와 결혼도
허락을 맡아야 해요 **?**

#성 #연애 #결혼 #혼전순결

남자들이 제일 많이 상담하고 무너지는 영역이
바로 '성'이라는 영역이야.

이런 질문들을 한단 말이야.
자위는 죄인가요? 아닌가요?
음란한 생각이 찾아오는 것에 대해서
어떻게 생각해야 되나요?

우선 이걸 명심해.
사탄은 우리가 건강한 방향으로 갈 수 없도록
지금도 우리를 유혹하는데
사람들은 음란한 생각을 했다는 것만으로
이미 사탄에게 넘어졌다고 생각해.

그런데 그건 외부의 공격이야.
내가 갖고 있는 성욕을 음란으로 향하게 하려고
계속해서 우리를 유혹하고 있는 거야.

머리 위로 그런 공격이 날아드는 것은 막을 수 없지만,
머리 위에 둥지를 트는 건 막을 수 있어.
그런 생각이 들면 '사탄이 공격하고 있구나'라고
생각하고 사탄과 싸워야 해.

유혹과 싸울 때 참는 건 똑같지만
참는 이유와 목적이 유혹보다 커야 해.
참는 이유가 성욕과 유혹보다 더 크지 않으면
참아낼 재간이 없기 때문이야.

이제 참아야 하는 이유와 목적을 알려줄게!
신체라고 하는 것은 남자와 여자가 비슷한데 달라.
그리고 하나님이 옷을 입혀주지 않았는데도
존재만으로 너무너무 아름답고 영광스러웠어.

그렇게 영광스럽고 보는 것만으로도
감탄이 나올 만큼 아름다운 것을 보여줄 대상은
'내가 평생을 함께할 사람'이어야 해.
민망한 게 아니야, 하나님한테는 영광이었어.

나도 그런 생각과 싸울 때
평생을 함께할 사람이 결정되기 전까지

누구한테도 보여주지 않겠다는 마음으로
싸우니까 굉장히 유익하더라고.

유혹보다 더 큰 비전과 방향성이 있어야 하는 거야.
그런 마음으로 분명한 방향을 가지고 싸우면
싸움을 싸우는 데 큰 도움이 될 거야.

⏱ 10 천사 같은 이성을 만나고 싶어요!

질문에 대한 대답은 좀 아플 텐데, 괜찮겠어?

첫 번째, 그런 이성은 없다!
두 번째, 그런 이성이 널 왜 만나?
세 번째, 그럼에도 불구하고 누군가 옆에 있어?
그 사람은 널 만난다는 것만으로도 이미 천사야.

그리고 제일 중요한 것은
천사 같은 사람을 어떻게 만나느냐를 고민하지 말고
천사 같은 사람이 좋아할 만한 사람은
어떤 사람일까 한 번 생각해봐.

네가 그런 사람이 되면 돼.

성경에 대한 남녀 사이의 이야기는

가정을 이루고, 생명을 낳는
굉장히 책임감 있는 관계로
주님이 말씀하셔서
결혼을 약속한 약혼과
결혼에 대한 이야기밖에 없어.

그런데 지금 우리는 그것을 결정하지 않은 사이에서
일어나는 관계를 어떻게 하냐고 묻는 거잖아?
그래서 이건 간단해.

성경적으로 연애를 볼 때는
아직 남자친구를 남편 대하듯이 대하면 안 되고,
여자친구를 아내 대하듯이 하면 안 돼.

이게 무슨 말이냐면
남편과 아내 사이에서만 허락된 성관계 등

부부만이 갖는 선을 넘지 말라는 거야.
부부 안에서만 허락된 것이 있어.

연애 때는 이 사람이 정말 평생 함께할 사람인지
책임지고 함께 갈 수 있는 사람인지를
확인할 수 있는 단계일 뿐이야.
그래서 결혼한 사람처럼 대하면 안 된다는 거야.

이 질문을 구체적으로 계속 나눠볼게.

내가 성이나 연애에 대한 이야기를 할 때는
직설적으로 이야기하니까 염두하고 들으면 좋겠어.
알겠지?

책임질 수 있는 관계가 아닌 관계 안에서
여자가 임신을 하게 되면
제일 먼저 나타나는 증상이 뭐지?
생리를 안 하게 돼.

성경에서 생리에 대해서는 부정함으로 봤어.
왜냐하면 출산에 대한 고통은
범죄한 이후에 주어진 거거든.

그 부정한 것이 멈췄다고 이야기했을 때는
그것을 생명에 대한 축복으로 보게 되는 거야.
물론 지금은 예수 그리스도의 은혜로 다 정리가 되었어.

그런데 만약 네가 결혼하지 않고 연애 중이었는데

생리가 멈췄어.
그때 제일 먼저 찾아 들어오는 정서가 뭐야?
두려움이야.

그런데 생명이 찾아왔을 때
절대 불안과 두려움으로 맞이하면 안 돼.
하나님이 보셨을 때
생명의 기쁨은 어마어마한 거였어.

결혼했다고 존재가 달라진 게 아니지만
책임감 있는 관계 안에서의 생명은
기쁨으로 맞이할 수 있단 말이야.
그렇게 맞이해야 하는 것이기 때문에
연애 중에는 안 된다고 얘기하는 거야.

남자편은 다른 것들을 다루고
종합적으로 아주 자세히 다룰 예정이니까
긴장하면서 기다려!

서로 평생 사랑할 수 있는 연습을 하는 게
혼전순결이야!

그럼 벌써 이런 생각이 찾아 들어오는 사람이 있을 거야.

'난 이미 혼전순결을 지키지 못했는데
이후에 순결을 지키는 게 의미가 있을까?'

주님은 간음하다가 걸린 여인에게
"너를 정죄하고 판단하던 사람들이 어디 있느냐?
나도 너를 정죄하지 않는다"라고 말씀하셨어.
괜찮다는 말을 한 게 아니야.
"가서 다시는 죄를 짓지 마라"라는 말씀이야.

과거의 수치와 치욕을 기억하지 않으시고
'이전 것은 지나갔고 새것이 되었다'라고 하는
새로운 피조물로서 너를 보게 되는 거야.
그러니까 우리가 만약 순결을 지키지 못했다고 하더라도

예수님 앞에 은혜를 입은 사람으로서
합당하게 살겠다는 믿음의 결정을 한
새로운 피조물이 되었다면
지금부터라도 순결을 지켜나가야 해.

그런데 쉽진 않을 거야.
왜냐하면 이전에 경험한 것이 없었을 때는
그것이 유혹되지 않는데
한 번 경험해보고, 맛을 보고 나면
그다음부터는 견뎌내고, 참아내는데
더 치열한 시간을 보내게 되기 때문이야.

그러나 우리가 받은 은혜가
어떤 은혜인지 기억하고,
그 은혜로 새생명으로 살아가는
삶을 선택해야 해.
오케이?

성욕에 대한 이야기를 했는데
성욕 자체가 기독교 안에서
음란으로 결론이 맺어지는 경우가 많다보니
성욕 자체에 대한 부정적인 이미지와
인식이 생기게 되어
성욕 자체를 죄처럼 여기게 되는 경향이 있어.

성욕은 음란이 아니라는 것,
성욕이 찾아 들어오는 건 굉장히 중요한 것이고,
하나님 안에서 기본적인 욕구가 잘 풀리게 되면
성욕은 행복한 가정을 꿈꾸는
가장 중요한 원동력이 되기도 해.

그래서 성욕을 일단 '음란이다'라고 생각하는
이 생각부터 버리고 성욕을 어떻게 풀어야
가장 아름답고 건강한 방향으로
갈 수 있는지에 대해서
다음에 더 자세히 이야기할게.

일단, 욕구 자체를 어떻게 해석하느냐가 중요한데
일반적으로 우리의 욕구는 좋지 않은 결론으로 이어져.
예를 들면 식욕이 탐심으로 간다든지,
성욕이 음란으로 간다든지,
수면욕이 게으름으로 간다든지 등등

결론이 이렇게 내려지니까
우리가 어떤 욕구 자체를 부정하려고 하는
행동과 태도들이 나타나서
억누르는 데에 에너지를 집중하다보니까
쉽지 않은 거야.

그런데 이 욕구들을 통해서
하나님은 뭘 하길 원하셨냐면
에덴동산에서 식욕을 통해
하나님이 창조하신 너무 맛있는 과실을 먹고,
성욕을 통해
하나님이 꿈꾸셨던 아름다운 가정을 이루기를 원했어.

좋은 원동력이 바로 욕구라고 하는 건데,
욕구 자체가 잘못 사용된 거야.
에덴동산에서 아담과 하와가 범죄하고 난 다음에
결정적으로 사랑의 대상이 바뀌었어.

하나님을 사랑하던 것에서
나를 사랑하는 것으로 바뀌게 되면서
모든 욕구가 전부 다 육신의 정욕,
안목의 정욕, 이생의 자랑
이렇게 변하기 시작했던 거야.

그래서 욕구를
어떻게 컨트롤하냐가 중요한 게 아니라

사랑의 대상을 바꾸어서
살아계신 하나님을 더 경험할 수 있는
중요한 원동력이 되게 하는 것이 더 중요해.

욕구 자체를 잘못으로 봐서는 안 된다는 거야.
알겠지?

욕구는 잘못된 게 아니다.
그런데 이 성욕이라는 것이 왜 자꾸 음란으로 빠지냐?
성욕을 쾌락으로 풀 수 있다고 생각하기 때문이야.

잠시 잠깐 주는 일시적인 자극,
이거는 절대 지속되지 않아.
그래서 자극을 얻기 위해 또 그러는 거야.
그러니까 쾌락으로 풀기 시작하면
이 쾌락은 자극이기 때문에
절대 한 사람으로 만족을 못 한다는 거야.
또 다른 자극을 원하게 된다는 말이야.

먼저 남자들이 욕구를 위해 접근하는 것은
야동이야.
야동 자체가 남자의 성기와 여자의 성기 자체를
쾌락으로 묘사해놓았어.

'저건 내 쾌락을 충족시키기 위한 도구일 뿐이야!'

이렇게 생각하게 만들어놨단 말이야.
그러니까 성욕을
쾌락의 도구로만 보게 만들었던 거지.

이런 식으로 풀어가다보면
내 영혼이 피폐해질 수도 있어.
그 자극을 찾아 들어가기 시작하면
더 큰 자극을 찾기 때문에
인생이 피폐해질 수밖에 없어.
인생이 망가진다고!!

그러니까 단지 그냥
"참아, 절제해"가 아니라
"너 그거 계속 자극만 찾아가다보면
결국 네 인생이 피폐해질 거야."

그렇기 때문에 결혼이라는 안전한 울타리와
보호 안에서 이루어져야 하는 일이라고
이야기하려고 했던 거야.

드디어 너희들이 기다리던 형제편이야!
앞서 말한 주제들이 도움이 되었니?
다시 자세히 알려줄게!

우선 한 가지 반드시 기억해야 할 것이 있어.
사랑의 가장 기본적인 전제는
인내와 절제라는 거야.
사랑에 있어서 가장 중요한 것은
내가 사랑하는 사랑의 대상이지 내가 아니야!

'사랑장'이라고 불리는 고린도전서 13장도
감성적인 사랑을 말하지 않았어.
"사랑은 오래 참고, 모든 것을 참으며
모든 것을 견디느니라"

사랑은 상대방이 사랑을 받고 있다는 것을
충분히 알 수 있도록 표현해야 해.
하나님이 우리를 향해 사랑을 표현하셨던 것처럼!

그런데 그 사랑의 표현은
철저하게 사랑하는 대상에게 맞춰주어야 해.

사랑의 표현이라고 하더라도
사랑의 대상이 아파하고 상처를 받는다면
그 표현 방식을 바꾸거나 하지 않아야 해.
그래서 사랑에는 반드시 인내와 절제가 필요한 거야.

알겠어?
계속 집중하면서 따라와!

계속해서 스킨십에 대해서 살펴보자.

스킨십은 사랑의 표현 중 하나가 맞아!
하지만 상대방이 아직 준비가 되지 않았고,
부담을 느낀다면 그 속도에 맞춰줘야 해.
상대방 때문에 어쩔 수 없이 하는 게
어떻게 사랑이겠어?

여자는 남자처럼 스킨십과 성관계에 대하여
단순한 입장을 갖고 있지 않아.
물론 성을 가볍게 여기는 시대와 문화로 가고 있지만,
여자는 신경 써야 할 것들이 남자보다 훨씬 많다고.

오히려 상대적으로 부담이 적은 남자가
스킨십과 성에 대해서 더 취약할 수 있단 말이야.
그래서 스킨십의 속도를 맞추고, 조절하는 부분도
남자가 훨씬 더 신경을 많이 써야 해.
스스로 인내하고 절제하는 태도가 있어야

이것을 감당해낼 수 있어.

그런데 스킨십의 속도가 맞지 않아 서운해하고,
그 서운함을 노골적으로 표현하기 시작하면
여자는 부담을 느끼기 시작하고
'이러다 헤어지는 건 아닐까?
성관계를 하고 나서 정작 더 멀어지는 건 아닐까?' 라는
여러 생각과 마음이 찾아오게 돼.
남자는 성관계까지만 생각하는 단순함이 있지만,
고려할 게 많은 여자는 그 이후까지 생각할 수밖에 없어.

다시 말하지만 그래서 스킨십의 속도를 맞추어 가고,
성관계만 생각하는 관계가 아니라
그 이후, 미래를 그려나갈 수 있는
안정적인 관계에서 스킨십이 이루어질 때
마음에 안정감을 찾을 수 있어!
결국 부부라는 사회적 약속 안에서
성관계가 이뤄지는 것이
성경적으로도 관계적으로도 좋은 거야!

거기까지 가기 위한 필수적인 요소가
앞서 말한 인내와 절제야!

연애 중 스킨십은 어디까지 가능하냐고?
처음 손을 잡으면 두근거리고 긴장되지?
근데 금방 익숙해지고 팔짱, 어깨동무, 포옹
점점 농도가 짙어지고 같이 자고 싶을 거야.

따라서 연애 중 스킨십은 성관계를 하고 싶게 만드는
짙은 농도까지 가지 않는 것이 중요해.
그 선을 넘기 시작하면 정말 시간 문제야!
쉽게 말해서 같이 자고 싶은 생각이 들 만한
스킨십이 이루어지려고 하면
인내와 절제를 발휘해야 한다는 거야.

이건 한 사람을 책임질 사람으로서
갖춰야 하는 가장 중요한 태도야.

결혼할 준비?
여러 가지 현실적인 문제가 있겠지만,
나는 이러한 태도가 가장 중요하다고 생각해!

만약 이런 태도를 가졌다면 어떤 상황에서도
참고 견뎌내는 것이 가능하다고 봐.

그러니까 자매들도 배우자를 찾을 때
내게 맞는 사람, 내 필요를 충족시켜줄 사람이 아니라
인내와 절제가 전제가 된 사랑으로
끝까지 함께할 마음이 생기는 사람을
배우자로 선택해야 해.

형제 역시 마찬가지야.
이런 마음이 생긴다면 결혼에 대한
확신으로 봐도 무방하다는 거지.

그럼 결혼 후에는 어떻게 해야 할까?

여기서도 남자의 역할이 엄청나게 중요해!
부부간의 성관계는 굉장히 중요해.
안정적인 환경과 약속된 관계 안에서 이루어지는
가장 좋은 사랑의 표현이기 때문이야.

여기서도 남자는 굉장히 많이 신경을 써야 해.
부부관계가 소원해지는 여러 이유가 있겠는데,

성관계가 단순히 남자의 성욕을 풀기 위한
과정이라고 느껴지기 때문이야!

부부관계는 사랑을 표현하는 스킨십의 끝판왕인데
사랑을 느끼게 해주지 않는 거야!

형제들아 생각해봐!

남자의 성감대는 아주 단순해서
분위기, 장소, 그런 건 중요하지 않아.
그러나 여자는 아주 다양하고 복잡한 성감대가 존재해서
성관계만이 아니라 그 전의 과정, 분위기도 중요해.
남자는 그것을 찾아서 아내를 즐겁게 해줘야 해.
부부관계가 남편이 자신을 향한 사랑을
표현하는 시간이 되어야 한다고!

너무 과하다고?
남자만 부담을 너무 많이 진다고?
사람이 새로이 아내를 맞이하였으면
그를 군대로 보내지 말고 아무 직무도 맡기지 말고
맞이한 아내를 즐겁게 하라고 성경에 분명하게 나와 있어.

문제는 성관계에 대한 인식이
야동으로 인해서 완전히 왜곡되었다는 거야.
남자의 성기는 나와 있지만,
여자의 성기는 들어가 있어.
여자가 받아들이고 품는 위치라는 거야.
그래서 상대적으로 훨씬 더 예민하고 민감한데
야동에서는 여자를 거칠고 자극적으로 다루었을 때
마치 여자가 쾌감을 느끼고
즐거워하는 것처럼 보여줘서 착각하게 만들었어.

따라서 부부관계 할 때,
충분한 시간을 들여서 아내의 성감대를 찾고
아내를 즐겁게 해줘야 할 의무가 남자에게 있는 거야.

이 영역이 꼬이면
부부 사이에 큰 어려움을 겪을 수밖에 없어.

남자는 내 속도가 아니라
사랑하는 대상의 속도에 맞추는 인내와 절제가
필요하다는 것을 잊지마!

모든 욕구는 분출되어야만 해소되는 게 아니야.
욕구는 원래 보기에 좋고, 듣기에 좋고,
만지기에 좋으면 그냥 다 좋은 거거든.
그래서 이 욕구라고 하는 건 풀어야만,
뭔가 해소해야만 하는 부분이 아니라
안전한 울타리 안에서 컨트롤이 될 수 있어야 해.

하나님이 욕구에 대한 부분을
컨트롤할 수 있도록 우리에게 의지를 주셨어.
예를 들면 먹고 싶지만
'지금 내가 먹어서는 안 된다'라고 생각되면
식욕이 일어나도 먹지 않을 수 있는 것처럼.

그런데 사람들이 이 욕구를 컨트롤하지 못하고,
분출하기 시작하면
결국은 인생이 피폐해지는 거야.
있는 대로 원하고
욕구대로 반응하면

인생이 어려워지는 거야.

이런 원리가 필요했어.
욕구와 감정 자체를 컨트롤할 수 있어야 했단 말이지.
그래서 창세기 3장에 보면
하와가 뱀에게 유혹을 받을 때,
뱀이 선악과에 대해서
"네가 이걸 먹는 날에도 안 죽는다"라고 말해.

그런데 그때 범죄하기 이전인데도 불구하고
하와는 벌써 선악과를 볼 때
어떤 느낌과 정서와 욕구가 찾아왔었냐면
보기에 먹음직스럽고
지혜롭게 할 만큼 탐스럽게 느껴졌단 말이야.

내 욕구와 원함은 먹고 싶게 만들 만큼
충동에 반응을 했었어.
근데 그날만 그랬겠어?
동산 중앙에 있는 나무를 보고 다닐 때마다
그것이 먹음직스럽고, 보기에 탐스러웠을 거야.

그래도 하나님을 사랑하기 때문에

'내가 사랑하는 하나님이 기뻐하시지 않는다'라고
먹고 싶은 욕구도 컨트롤할 수 있었단 말이야.

그런데 사랑의 대상이 바뀌어버렸어.
그러니까 더 이상 컨트롤할 근거가 없어진 거야.
욕구를 굳이 막을 이유가 없어진 거지.

왜냐하면 내가 보기에 좋고,
내가 듣기에 좋고, 내가 만지기에 좋고,
내게 좋으면 좋은 거야.
나중에 어떻게 되든 상관없어.

내가. 지금. 좋으면 좋은 상태가 되어버린 거야.
사랑의 대상이 나로 바뀌니까
욕구를 컨트롤할 근거가 사라지게 된 거지.

성욕도 마찬가지야.
이 욕구가 있는 대로 분출하기만 한다면
어떤 일이 일어나겠어?
사회적으로도 죄인들이 자신의 욕구를
있는 대로 분출하기 시작하면
통제가 안 되고, 자멸할 게 뻔하니까

법이라는 울타리 안에서
이 욕구를 어느 정도,
서로가 자멸하지 않을 수 있는 범위 안에서까지만
허용한단 말이야.

우리의 욕구도 그렇게 컨트롤이 돼야 해.
그래서 가장 필요한 요소가 뭐냐면
인내와 절제야.
이건 삶의 다방면에서 쓰이기도 해.

성욕에 대한 부분도
인내와 절제의 원리를 적용시켜서
내가 욕구를 있는 대로 분출하지 않고
컨트롤할 수 있는지 알아보는 영역,
내 욕구가 안전한 울타리 안에 있는지
확인할 수 있는 영역이
바로 혼전순결이라는 거야.

과연 이 사람을
내 욕구를 풀 대상으로 보지 않고
인격적인 관계와 대상으로 보고 있음을 증명하고
확인해볼 수 있는 영역이

바로 혼전순결이라는 말이야.

그럼 혼전순결을 지켜나갈 때
가장 필요한 요소가 뭐겠어?
인내와 절제지.

그렇다고 인내와 절제만으로
성욕을 단순히 참아내는 것만이 답일까?
아니야.
그보다 더 큰 게 준비돼 있단 말이야.
바로 사랑, 찐사랑이야.

찐사랑은 대상과 상관없이 하는 거야.
그래서 '하나님은 사랑이시다'라고 표현한 거야.

감정이 좋고, 상대방이 받쳐줄 때는
서로 막 죽고 못 살잖아.
그런데 찐사랑이 되려면
그 차원을 넘어서는 사랑이어야 해.

그러니까 사랑할 만한 게 없고
내 감정이 받쳐주지 않는데도

사랑할 수 있으려면
인내와 절제가 필요한 거야.

욕구가 컨트롤이 안 되면 서로를 피폐하게 만들어.
그래서 고린도전서 13장은
'사랑은 따뜻한 거예요, 엄청 좋은 거야, 막 행복한 거야'
이렇게 이야기하지 않고, "사랑은 오래 참고"로 시작해서
"모든 것을 견디느니라"라고 끝나.
진짜 사랑을 하려면 가장 중요하게 필요한 요소가
인내와 절제라는 거야.

평생 함께하게 될 그 관계 안에서
내 원함과 욕구대로 그 사람에게
반응하거나 쏟아내지 않고
그 사람에게 인내와 절제로
진짜 사랑을 보여주고
올바른 방향으로 나아갈 수 있게 하는
중요한 원리가 되는 거야.

그 원리를 배울 수 있는 때가 바로
혼전순결이라는 말이야.
연습해볼 수 있는 기회가 바로 그때야.

자, 그럼 거꾸로 이야기해볼까?
너 좋고, 나 좋아, 그래서 서로 합의해서
욕구대로 성욕을 풀었어.
그럼 행복해야 하잖아?
사회적으로도 그걸 못할 때보다
훨씬 더 행복한 가정을 이뤄야 하잖아.

그런데 지금 상황이 어때?
이혼율이 OECD 국가 중에서 세계 1위야.
그 정도로 분출하고
그 정도로 해났으면 행복해야 하는데 말이야.

인내와 절제를 배운 적이 없어서
욕구를 그대로 분출하면
좋은 것만 분출하는 게 아니라
짜증나고, 싫고, 어려운 것도
컨트롤되지 않은 채 분출이 되기 때문이야.

그러니까 사람하고의 관계가 유지가 되겠어?
'너랑 살기 싫다'라는 욕구와 본능에
충실하게 반응하여 헤어지게 되는 거야.

'내가 너랑 자고 싶다'라는 욕구에
충실하게 반응하는 것처럼
좋지 않은 감정에도
본능대로 반응하게 되는 거야.
그래서 가정이 깨지는 거야.

욕구가 컨트롤 가능한
범위 안에 있어야 하는데
이걸 배우지 않고 결혼했다?
감정이 상하고, 어려운 과정이 오면
돌파할 근거가 없는 거야.

나를 사랑하고, 내가 원하고,
내가 보기에 좋고, 내가 듣기에 좋은 대로
욕구를 분출하던 사람이
그 어려움을 어떻게 컨트롤 해내겠어.

그래서 가정이 가장 건강하고 아름답게
세워지기 위해서 제일 먼저
배워야 하는 게 뭐냐면
인내와 절제야.

그걸 가르치시는 시간이 혼전순결이야.

이 원리를 가르치려고 허락하신 시간이란 말이야.

알겠어?

크리스천의 연애에 대한 개념을
다시 잡고 갈 필요가 있어.
우리가 흔히 연애가 시작될 때 어떻게 시작해?

"네가 나 좋아해?"
"나도 너 좋아해."
"오케이. 그럼 사귀어."
이렇게 해서 연애가 시작된단 말이야.

근데 이렇게 가서는 안 된다는 거야.
우리가 연애라는 것으로 묶이면
특별한 관계가 된다는 거잖아.

그런데 지금 사회적 분위기가 어떠냐면
연애 안에서는
부부 사이에서만 허락될 것 같은 것들이
허용되기 시작했어.
예를 들면 성관계 혹은 동거,

국내여행, 해외여행 등

이런 것들이 기본적으로 허용되기 때문에
이걸 허용하지 않는다면
되게 보수적이고, 시대에 뒤떨어진 사람처럼
취급을 받게 되는 거야.
마음 지키기가 정말 어려워진 거지.

개인적으로 권면하고 싶은 건
연애라는 개념을 약혼과 함께 묶으면 좋겠다는 거야.
처음부터 진중하게 시작하는 거지.
연애라고 하는 것이 아니더라도
그 사람의 가치관과 성향과
하나님을 얼마나 사랑하고
하나님의 말씀을 어떻게 생각하는지를
알아볼 수 있는 기회는 얼마든지 많이 있어.

특별한 관계로 이미 묶어놓고,
좋은 감정을 있는 대로
서로 쏟아내고 있는 상황 가운데서는
이 사람이 정말 평생을 함께할 사람인지를
알아내는 건 쉽지 않아.

그래서 연애라는 관계로 묶기 전에
서로 먼저 알아보는 시간이 있으면 좋겠어.

좋은 사람 만나서 결혼하는 건 맞지만
좋은 감정으로만 갈 수 있는 게 아니니까
연애라는 특별한 관계로 먼저 묶지 말고
진중하게 이 사람의 가치관을 알아볼 수 있는
시간을 갖는 게 좋아.

그다음 본격적으로 연애를 시작하면
결혼을 전제로 한 연애가 시작될 수 있어.

만약 그런 시간을 갖지 않고
연애라는 관계로 묶어버리면
제대로 확인하지 못했기에
마음이 깨지고, 상처 입고, 어려워지는 거야.

하지만 이미 연애하면서
몸이고, 마음이고 다 줘버려서
다른 사람을 신뢰하기도 어렵고
결혼으로 이어지기도 어려워졌어.
이런 현실을 파악하고

크리스천으로서 연애를
신중한 관점으로
바라보자는 것이 내 의견이야.

절대적인 방법이라고 생각할 순 없지만
그런 가치관을 심어주고 싶어.
감정대로 막 쏟아내고 표현하는 관계가 아니라
정말 진지한 관계, 책임질 수 있는 관계,
감정도 조절하고, 컨트롤할 수 있는 관계 말이야.

사랑하기 때문에 감정도, 욕구도
컨트롤할 수 있는 관계로 발전하기를 바라는 거야.
그래야 상처도 덜 받고 결혼을 꿈꿀 수 있는 데까지
나아가는 아주 좋은 관계가 되어질 수 있을 것 같아.

크리스천의 연애라고 하는 영역을
새로운 개념을 만들어서 이해하기 시작해야 해.

아직 연인이 없다고?
삼가 위로의 말씀을 전할게.
걱정하지마, 주님이 주실 거야.
세상의 반이 여자고, 세상의 반이 남자라잖아.

22 그럼 이미 연애 중인 사람은 어떻게 해요?

연애 중일 때는 어떻게 하냐?
먼저는 확인해봐야 해.
이 사람이 대화가 통하는 사람인지를 확인해보는 거야.

왜냐하면 일방적으로
"이렇게 하지 마!", "나 안 해!", "헤어지자!"
이렇게 접근해버리면
복음, 기독교에 대해서 폭력적으로 느낄 수 있어.
그래서 굉장히 지혜가 필요한 영역이야.

천천히 지혜롭게
"이런 방향과 이런 근거가 있다고 하는데
우리 한번 지켜보는 게 어때?"
이런 식으로 대화로 먼저 풀어가는 게 제일 중요해.
그래서 이런 대화가 가능한지를 먼저 확인해봐.

만약 대화가 통하지 않는데
이미 연애가 시작되었을 때는

진짜 강경하게 이야기하는데
'하나님이 말씀하셔서 만났다'
'하나님이 붙여주신 짝이다'라는 말은 사용하지 마.

말씀대로 살려고 하는 근거가 어디 있어?
성경과 하나님의 말씀에 있잖아.
그런 말씀이 내게 무겁게 다가와야
내 삶을 말씀 때문에 통제해보고, 절제도 하는데
그런 말씀을 가볍게 남발하기 시작하면
그렇게 절제할 수 없게 되는 거야.
그래서 연애 중일 때는
'하나님이 말씀하셨다'라고 하는 말을
쉽게 남발하면 안 돼.

헤어질 때도 하나님이 말씀하셔서 헤어진 거야?
아니잖아.
싫어서 헤어지는 거잖아.
헤어질 때는 말씀이 어디 갔어?
만나는 것만 말씀하시고 헤어지는 것은
책임 안 지시는 거야?

그러면 그런 말을 언제 써야 하냐고?

지난 시간을 돌아보면서 결혼까지 성공했을 때
'이 사람을 만나게 해주시고, 인도해주셨다!'라고
해석하는 건 괜찮아.

다시 돌아와서 우선 진중하고, 차분하게
가치관과 방향성을 공유해보고 나눠보는 게 좋아.
대화가 되면 너무 좋은데,
만약 그렇게 되지 않았을 때는
하나님의 이름을 걸거나
말씀을 인용해서 자꾸 둘의 관계를
설명하는 방향으로 가면 안 돼.

그렇게 되면 정작 길을 잃어버리고
말씀으로 돌아가야 할 때
말씀이 가벼워져서 돌아가질 못하게 돼.
그래서 말씀은 무겁고 진중하게 다뤄야 해.

이미 시작된 연인 관계에서 제일 좋은 건
"하나님 앞에서 우리가 한번 제대로
크리스천답게 연애해보자!
세상에서 이야기하는 연애의 개념 말고,
정말 크리스천답게 연애해보자!"라고

결론이 지어지는 거야.

연애 기간 안에 성관계가 아니더라도
충분히 즐길 수 있는 건 많아.
하나님나라를 같이 꿈꾸는 기대,
평생 함께 살 기대와 같은 즐거움을
찾을 수 있었으면 좋겠어.

23 연애 중에 혼전순결을 어떻게 지켜요?

지금 사회적인 분위기와 문화가
연인의 관계를 부부의 관계처럼 생각해.
부부 사이에서만 일어날 수 있는 일을
연애 때도 할 수 있기 때문에
결혼율도 줄어드는 거야.

왜냐하면 결혼 전에도 성욕을
얼마든지 풀 수 있는데
굳이 결혼까지 해서
어려운 과정을 겪어야 하냐는 거지.

그런 분위기 때문에 결혼율도 줄어들고,
연애 중에 혼전순결을 지키는 것이
너무 힘들다고 이야기해.
근데 그런 힘든 길을 택한 건 너야.

연인이라는 특별한 관계로
묶여 있으면 사회적 분위기 때문에

혼전순결을 지키기가 쉽지 않아.

연애라는 관계에 묶이지 않았어도
그 사람을 알아가고,
하나님 앞에서 얼마나 진중한 사람인지
점검해볼 수 있는 기회는 얼마든지 많아.

그런데 조금의 호감만 있어도
연인이라는 관계가 되고
성관계가 가능한 분위기 때문에
성관계를 안 하는 게 오히려 이상한 것처럼 느껴져.
그런 상황에선 마음을 지키기 어려워진단 말이야.

우리 공동체 같은 경우는
공동체 안에서 '연애=결혼'을 약속한 관계가 돼.

어떻게 그럴 수 있냐고?

연애라고 묶여 있지 않아도
삶 가운데 살아가면서 신앙생활을 하는 것과
삶으로 어떻게 살아가는지의 방향성을 보면
이 사람이 어떤 마음과 가치관을 갖고 있는지

볼 수 있는 기회가 많기 때문이야.
그래서 '이 사람과 연애를 시작한다'가
결혼을 전제로 한 관계의 시작이 가능한 거지.

그러니까 연애로 먼저 묶이지 말고
그 사람이 하나님을 향한
마음과 태도가 어떠한지를
먼저 보아야 한다는 거지.

"불신자하고 결혼해도 괜찮냐?"
이건 '죄냐, 아니냐'를 논할 문제는 아니야.
해도 돼.
그런데 복불복이야.

"전도하면 되지 않냐"라고 이야기하는데
좋은 감정이 넘치는 연애 때도 전도가 안 되고,
예수님을 만나게 할 수 없었는데
좋은 감정이 끝나는 진흙탕 싸움의 현장에서
어떻게 그 사람을 전도할 수 있을까?

물론 불신자와 결혼해서 잘 사는 사람도 있어.
하지만 관계가 어려워지는 커플이 훨씬 많아.
그래서 주변에서 말리는 거야.

그러니까 끝까지 책임질 자신이 있으면,
이 영혼을 하나님께 인도하겠다는 확실한 사명이 있으면,
그 사람이 어떻게 반응하든지 감당할 자신이 있으면,

불신자와 결혼해도 괜찮아.

그런데 그런 게 아니라면
주변에서 왜 그렇게 말렸는지를
뼈저리게 경험하게 될 거야.

누군가를 전도하려면 먼저 증인이 돼야 해.
평생 한 알의 밀알로 썩어지겠다,
빛도 못 보고 썩어지기만 하겠다는
마음의 준비가 돼 있어야 한단 말이야.

그런 마음이라면 괜찮고
너무 좋은 태도라고 생각해.

그런데 그런 마음이 아니라면
심각하게 고민을 해봐야 할 거야.

배우자를 놓고 기도해도 돼.
기도하는 거 너무 좋아.

그런데 응답이 내가 원하는 대로는
안 될 수도 있다는 것을
꼭 염두에 두고 해야 해.
내가 한 기도대로 응답되는 게 아니라
주님 마음대로 응답을 하시기 때문이야.

그것을 알고 주님 마음대로 응답하신 것도
주님의 뜻이라고 받고 결혼할 마음의 준비가 됐다면
얼마든지 기도해도 괜찮아.

그런데 그게 아니라
내 기준을 다 충족시킬 응답을 기다리고
세속적인 가치가 많이 묻어 있다면
먼저 그것을 걸러낼 필요가 있어.

사람들이 가끔 착각하는데
솔로몬이 일천 번제 드리고 지혜를 구했을 때
하나님께서 지혜와 부와 명예까지 주신 것을 가지고
'나도 그렇게 기도하면 나머지는 알아서 주시겠지?'
이렇게 생각해.

근데 그렇지 않아.
그것은 지혜로 부와 명예를 잘 분별하고,
잘 사용할 수 있으니까 주신 거야.

만약 양심이 있다면 주님한테
자신이 원하는 것을 제대로 구하지 못할 거야.
돈도 좀 있었으면 좋겠고,
키도 좀 컸으면 좋겠고,
얼굴도 잘생겼으면 좋겠고,
자기가 잘생긴 건 또 몰라야 하고,
성격도 좋아야 하고.
이런 것까지 어떻게 구하겠어.
나름 양심이 있는데 말이야.

그래서 보통 주님이 기뻐하시는,
신앙생활을 같이 할 수 있는 사람이면 충분하다고

입에 발린 소리를 하는 거야.

주님이 그 기도에 응답해주셔서
주님 마음에 너무 합한 사람을 데려왔으면
결혼하면 되잖아?

그런데 주님이 데리고 오시는 사람은
보통 어떤 사람들이야?
"나 여호와는 외모를 보지 않고 중심만 본다."
정말 중심만 좋으면 괜찮아?
아니잖아.

주님이 기도에 응답하셔서 배우자를 보내주셨는데
'와, 정말 주님은 중심만 보셨네'라고
거절할 거면 기도보다
마음의 준비부터 해야지.

그러면 어떻게 기도해야 하는지 알려줄게.
'정말 하나님을 사랑하는 사람이면 좋습니다'라고
기도하면 주님이 나의 기준을 바꿔주실 거야.
미의 기준이 바뀌게 된다는 거지.

하나님 앞에 구할 때는
'하나님, 내 눈을 여셔서 하나님을 경외하고,
하나님을 사랑하는 것이 가장 아름답게 비춰지는
사람을 보게 해달라'고 기도해야 해.

그러면 하나님이 보내주신 사람을
세속적인 기준으로 판단하지 않고
그런 것에 휘둘리지 않을 수 있어.

오케이?

내 배우자가 맞는지 확증을 받는 것은
이 사람이 내게 어떻게 해줄 수 있는지를
기대하고 결정하는 게 아니야.

예를 들어 여자 쪽에서는 날 책임져주고,
안정감을 주고, 품어줄, 사랑해줄 사람을 찾고,
남자 쪽에서는 말 이쁘게 하고,
순종적이고, 내조 잘해주는
사람을 선호하고 원하는데
이 사람이 그렇게 해줄 수 있을 것 같아서
결혼을 결정하면 반드시 실망하게 돼.
연애 때는 다 해줄 것처럼 행동하기 때문이야.

그래서 제일 중요한 건 뭐냐면
이 사람이 내게 무언가를 해줄 수 있는지가 아니라
내가 말씀 앞에서 이 사람을 섬기고,
진짜 목숨을 다해 사랑하는 것을 발견하는 거야.

왜냐하면 말씀 가운데
예수님이 교회를 사랑하신 것처럼
아내를 사랑하라고 하셨거든.
그리고 아내는 교회가 그리스도께 하듯
남편에게 복종하고, 순종하고, 섬기라고 하셨거든.

이 사람에게는 가능하겠다,
이 사람은 섬길 수 있겠다는
결정이 가능한 사람들이라면
이 사람이 내 배우자라는
확증을 받은 것이지.

이런 대화가 통하는 사람!
내 섬김을 섬김으로 봐주는 사람!
"야, 내가 이렇게 했으니까
너도 당연히 해야 하는 거 아니야?"
이런 식의 관계가 아니라
하나님께서 맡겨주신 자리에서 서로
귀한 섬김과 귀한 순종을 할 수 있는 사람!
그런 자들이 말씀으로 확증을 받아서
결혼하고 아름다운 커플이 될 거라고 생각해.

그래서 배우자인지 점검할 때 말씀 앞에서
"내가 이 사람을 섬길 수 있는가?
내가 이 사람을 죽기까지 사랑할 수 있는가?
내 몸과 같이 사랑할 수 있는가?"를
먼저 생각하라는 거야.

그렇게 되면 결혼을 하고 나서
'와! 하나님이 정말 이 사람을
내게 보내주신 것이 맞구나'라는 걸
확실하게 알 수 있을 거야.

성관계!
관심은 가지만 그렇다고
막 꺼내놓기가 민망하게 느껴진다면
이미 벌써 잘못된 거야.

교회에서 혼전순결을 강조하거나
인내와 절제를 강조하다보니까
성관계 자체를 죄처럼 여기거나
드러내면 안 되는 것으로 생각해서
음지에서만 이야기하다보면
자꾸 음담패설이 되고
음란으로 빠지게 되는 거야.

양지에 꺼내놓고
건강한 교제와 소통이 될 수 있어야 해.

먼저 이야기했던 것처럼
성관계는 단순한 즐거움을 넘어서는

아주 무거운 책임이 뒤따르는
열매가 맺혀질 수도 있는 가능성이 있어서
책임질 수 있는 관계 안에서만
일어나야 한다고 이야기했어.

그렇다면 성관계가 아이를 출산하는
목적으로만 하는 것이냐?
그건 또 아니야.

성관계는 남편과 아내 사이에
서로 충분히 친밀감을 누리고,
연합하여 동거하며 사는 즐거움과 기쁨을
마음껏 누릴 수 있는 시간이야.

그것을 통해 부부가 서로 친밀해질 수 있고
더 깊은 교제 가운데 나아갈 수 있는,
벌거벗었으나 부끄러워하지 않는
원형의 모습 그대로 서로를 함께 볼 수 있는
시간이 바로 성관계야.

그래서 서로 충분한 시간을 갖고 해야 해.
그런데 희한하게 지키라고 할 때는 안 지키고

꼭 결혼하고 나서 지키는 애들이 있어.
서로 상의가 되었다면 모르겠는데
그렇지 않다면 자칫 관계가 정말 어려워지거든.

이런 이야기들이 부부 안에서 충분히 가능하고
교제할 수 있어야 해.

그냥 부끄럽고 '싫어. 난 안 해!'가 아니라
서로 즐거움을 찾아야 하고,
그런 시간들을 가져야 하는 거야.

그래서 먼저는
성관계 자체를 죄처럼 여기지 말라.
무절제함과 정욕에 그대로 노출된 채로
성관계를 사용하다보니까
결혼 전에는 하지 말라고 했던 거지
부부 사이에서는 꼭 필요하고 중요한 주제야.

3

재밌고 즐거운 건
다 죄라고 하잖아요!

#술 #담배 #자살 #죄

죄에 대한 유혹과 싸울 때
죄의 유혹을 앞에다 두고
버려야 해, 참아야 해,
이런 식으로 하니까 힘들기만 하고
계속 공격을 받지.

이길 만한 실력도 없으면서
왜 거기서 계속 유혹을 받고 있어.
유혹이 없는 자리로 가는 게 첫 번째 태도야.

두 번째는 주변에 알리는 거야.
내가 싱글일 때 엄마가
"선교야, 네가 나중에 결혼해서 아내랑 살아갈 때
네가 아내를 사랑하는 걸 네 아내도 알아야 하고,
주변 사람들도 알아야 해"라고 하셨어.

무슨 말이냐면 내가 아내를 사랑한다는 걸
주변 사람들이 알 만큼 표현하면

다른 사람이 비집고 들어올 틈이 없다는 거야.
나를 미혹할 가치도 없는 거지.
왜냐하면 그 둘이 너무 사랑하니까.

죄의 유혹에서 이기는 힘도
의지가 강함에서 오는 것이 아니라
주님을 더 사랑하고
주님을 더 사랑하는 걸
주님뿐만 아니라 주변 사람들에게까지
알리는 것으로부터 와.

"야, 쟤 건드려도 소용없어."
이렇게 느껴지도록 하는 게 중요하다고.

알겠어?

29 하나님을 기쁘시게 하고 싶어요

네가 사랑하는 사람을
기쁘게 해줄 수 있는 방법은
그 사람을 위한 1000번의 이벤트가 아니라
그 사람이 진짜 싫어하는 걸 하지 않는 거야.

진짜 싫어하는 것을
옳으냐, 그르냐, 해도 되냐, 아니냐,
이걸 따지지 않고
사랑하는 사람이 싫어한다는 이유만으로
하지 않는 모습을 보여주잖아.
그만한 감동이 없다고.

마찬가지야.
하나님을 기쁘시게 해드릴 때
우리가 자꾸 생각하는 게
'하나님을 위해서 뭘 하면 될까?'인데,

하나님이 기뻐하시지 않는 것을

옳으냐, 그르냐, 해도 되냐, 아니냐,
이것을 따지지 말고
기뻐하시지 않을 것 같으면
아예 하지 않는 결정이
하나님을 더 기쁘게 해드릴 수 있다.

하나님을 경외한다는 게 도대체 뭔가요?

'경외하다'의 사전적 의미는 "공경하고, 두려워한다"야.
그러니까 하나님을 공경하고 두려워한다는 거지.

일단 하나님을 두려워하는 게 맞아.
이렇게 하나님을 경외하면
우리가 그토록 시달리던 죄로부터
멀어질 수 있어.

문제는 방향을 잘못 잡으면
하나님한테 혼날까봐
죄로부터는 멀어질 수가 있다는 거야.
그러면 무서운 하나님과 가까워지지 않아.

진짜 하나님을 경외하려면
뭘 두려워해야 하는지를 알아야 해.

우리가 하나님으로부터
멀어지는 걸 두려워해야 해.

그래야 하나님으로부터 멀어지게 만드는
죄도 멀리할 수 있어.

그렇게 될 때 내가 사랑하는 하나님 앞에
더 가까이 나갈 수 있게 되는 거야.

알면서도 계속 넘어지는 건 맞을 일이네.

그럴 수 있어. 사람은 연약하니까.
근데 그 말이 위로가 돼서
'그래도 된다'로 넘어가면 안 돼.

그럴 수 있다는 말이
그래도 된다는 말은 아니야.

나의 연약함을, 오늘의 넘어짐을 경험 삼아
'그러면 안 되지!'로 가야 해.

그런데 사람들은 그럴 수 있다는 말을 듣고
그래도 된다는 결론으로 가.
하지만 성경은 '어쩔 수 없다'로 안 끝났어.

사람은 연약하다는 말이 성경에도 있지만,
사람으로는 할 수 없으나

'하나님으로서는 다 하실 수 있다'라는
결론으로 간단 말이야.

사람이 연약하다는 걸 발견했으면
거기 주저앉아 있을 것이 아니라
'그래서는 안 된다'라는 결론으로
다시 일어나 걸을 생각을 해야 한다는 거야.

그런 태도로 가면
오늘 일어나서 다시 한번 걸을 수 있는
용기가 생겨.

하나님이 그 용기를 넣어줬다면
의미 없는 넘어짐은 아니었을 거야.

그것만 알면 돼.

32 자꾸 같은 영역에 넘어져요

너 저번에 안 맞았구나?

계속 같은 영역에 넘어질 경우
스스로 납득이 안 될 거야.
그때는 관점을 바꿔봐.
사람마다 유독 약한 영역이 있어.
그것을 이겨내기 위해서는
반복적인 훈련이 필요해.

그러니까 우리가 같은 영역에 계속 넘어지는 것은
우리가 그 영역을 정복하고 돌파하게 하시려고
주님이 반복적인 훈련을 시키고 있다는 관점으로
그 영역을 들여다봐야 할 거야.

이 생각 없이 똑같은 영역에서 20번 넘어지면
21번째에도 패배의식에 사로잡혀서
'20번이나 안 됐는데 21번째라고 되겠어?'
이런 식으로 이기려는 노력을 찔끔하다가 말아.

그런데 만약에 반복훈련이라는 관점으로 보면
20번의 넘어짐이 경험과 노하우가 되는 거야.
그러다 21번째에는 '어? 이번에는 이길 수 있겠다'
'가능하겠다'라는 삶의 태도와 방향성이
나타나게 된다고.

이제 알겠니?

드디어 나왔네, 술!
이건 술, 담배, 마약 등
이 행위가 성경적으로 죄냐,
해도 되냐, 안 되냐
이런 질문과 다 연관되어 있어.
그렇게 접근하면 논쟁이 끝나지 않아.
개인마다 다 다르니까.

어떤 사람은 의지가 강하고
어떤 사람은 의지가 약한데
"이건 죄야, 이건 죄가 아니야."
이렇게 정해놓으면
믿음의 여부가
사람의 행위에 달려 있게 되는 거야.

하나님은 마음의 중심을 보셔.
믿음은 마음의 중심의 어떠함에 달려 있는 거야.
하나님은 각 사람에게 그런 믿음의 삶을 요구하셔.

그래서 은혜를 입은 사람은
죄를 어떻게 다루냐면
믿음의 삶을 살아가려고 할 때
자꾸 거리껴지고 발목 잡는 것을
다 죄로 여겨버려.

그런 의미에서 한국 문화와 정서 안에서
술이 굉장한 죄처럼 여겨지는 이유는,
한국 사람은 술을 그냥은 안 마시고
술 먹는 분위기부터 장난이 아니야.
정말 죽자고 마시는 거야.

술 마시는 분위기와 문화 자체가
자신의 원함과 욕구를 있는 대로
분출할 수 있게끔 만들어버려.

그런데 거기서 마음 지킨다?
진짜 쉽지 않은 일이야.
초기 선교사님들이 한국에 오셔서
복음을 심을 때 굉장히 방해되는
요소들이 몇 개 있었단 말이야.

술도 그렇고
담배도 그렇고
유교사상도 그렇고
결국 죄로 여기는 분위기를 만들었어.

너희가 주장하는 간단하게 마시는 것,
좋은 사람들과 교제하며 즐기는 것이
한국적 분위기와 정서에서는 거의 불가능해.

만약 술 마시는 것을 허용하고 내버려두면
단순히 술 하나만 허용되는 게 아니라
그 뒤에 줄줄이 딸려 오는
죄의 열매들까지 감당해야 하는
가능성이 너무너무 높아져서
오히려 죄로 여기는 것이 우리에게 유익해.

이렇게 이야기했는데도
"그럼 음료처럼 마시는 분위기와 장소에서는
마셔도 되는 건가요?"
이런 생각을 가지고 있다면
그럼 말리지는 않을게.
이미 마시려고 작정했는데 어떻게 말리겠어.

그런데 확실한 건
술이 믿음으로 살아갈 때 도움이 되지는 않아.
그리스도인의 합당한 삶을 살아가는데
유익하지 않다는 건 명심해.

34 그러면 크리스천은 무슨 재미로 살아요?

내가 술 마시지 말라고 하니까
이 세상에서는 누릴 수 있는 게
아무것도 없다고 생각하고
천국에 가서 즐길 것을 기대하며
이 땅에서는 희생만 해야 한다고 생각하지?
또 하나님나라와 상관없는
취미생활도 문제가 되는 것 아니냐?
이렇게 따질 수도 있을 것 같아.

그런데 술은 직접적으로
따라오는 문제 때문에 그런 거야.

예를 들면 낚시, 볼링, 운동은
충분히 그것만으로 끝낼 수 있는 분위기야.
하지만 술 문화는 그런 게 아니라서
그 부분을 말한 거야.

그럼에도 여전히

"크리스천으로 사는 삶은 재미가 없냐?"라는
질문이 생길 수 있어.
답은 '아니'야.

신앙생활을 시작할 때부터
신앙생활과 어울리지 않는 것들은
아예 하면 안 된다고 접근하니까
벌써 너무 고리타분하고 딱딱하게 느껴져.

그 안에서 배워갈 수 있는 것과
누릴 수 있는 것은 생각하지 않고
하지 못하게 되는 것에만 집중하니까
신앙생활이 재미없게 느껴지는 거야.

큰 아우트라인을 그렸다면
선을 그린 이유가 뭐야?
그 선 안에서 뭔가 하라는 거잖아.
그런데 선 안을 보지 않고
선을 둘러싼 벽을 보고 있으니까 답답하지.

그러니까 방향만 틀어서
아우트라인 안에서 할 수 있는 걸 생각해봐.

돌아서면 그 안에서 누릴 수 있는 걸
찾게 된단 말이야.
그럼 진짜 재밌게 살 수 있거든.

만약 PC방에서 새로운 게임을 한다면
다른 사람들은 재밌게 하고 있어도
나는 레벨이 1이니까 재미없지.
다른 사람은 큰 용이랑 싸우는데
나는 다람쥐나 잡고 있으니 재미있겠어?

그런데 문제는 거기서 포기하면
영원히 초보 스테이지에 머물 수밖에 없어.
그러니까 게임이 재미없게 느껴지는 건
게임을 제대로 할 줄 몰라서야.

우리는 세속적인 가치관에
너무 오래 노출되어서
다른 걸로 자극이 안 돼.
그래서 기독교는 재미없다는 생각이
자꾸 찾아 들어오게 되는 거야.

그런데 세속적인 가치관은 수시로 바뀌어.

옛날엔 잘생긴 것만 멋있다고 했는데
요즘에는 자기관리 철저한 사람도 멋있다고 느껴.

가치관도 경험하고 알아가면
얼마든지 바뀔 수 있어.
게임이 재미없는 건 내가 경험하지 못하고
제대로 알지 못하기 때문이라고.

성경의 원리도 마찬가지야.
그냥 교회에서만 생활하는 차원이면
살아 있는 하나님의 말씀 안에서
발견하고 또 순종을 통해서 경험하는
즐거움과 기쁨들을 누리지 못해.

그러니까 방향을 바꿔.
방향만 틀어보라고.
누릴 수 있는 것에 집중하자.
그러면 진짜 재미를 발견하게 돼.

나는 고생이 즐거워서 가겠어?
나도 재밌어서 가는 거야.
신나서 가는 거라고.

말씀 안에서
복음 안에서
가치관은 얼마든지 바뀌어.
재미를 느끼는 요소가 달라진다고.

그러니까 할 수 있는 것,
하면 안 되는 것에 초점을 두지 말고
지금 누릴 수 있는 것에 초점을 둬.

그럼 신앙생활의 재미를 느끼게 될 거야.

🕐 35 타루해도 돼요?

사람은 하고 싶으면
열에 아홉이 부정적이어도
긍정적인 면을 부각해서 어떻게든 해.
반대로 안 하려면 아홉이 긍정적이어도
부정적인 면을 부각해서 어떻게든 안 하지.

그러니까 내가 하고 싶으면
성경에서 긍정적으로 표현한 면만 보고,
안 하려고 하면 부정적인 면만 본다는 거야.

만약 성경을 통해 타루해도 된다고
정의 내려진다면 성경의 지지를 받게 될 거야.
그러면 유익이 되지 않고 아무리 피폐해져도
도저히 멈추지 못해.
왜냐하면 성경을 근거로 시작했기 때문이지.

그러나 사실 출발은 내 원함이었지.
내 원함에 성경적 지지와

성경적 근거를 가지고 그렇게 한다면
내 영혼이 망가져 가고 있어도
돌이킬 수가 없어.
그래서 아주 위험한 거야.

타투를 하는 크리스천은
말씀을 몸에 새기려고 한다고 해.
혹은 예수님, 십자가를 새기려고 한다고도 말해.
그런데 성경을 묵상하고 자나깨나 앉으나 서나
말씀을 가까이하려고 말씀을 새겨 넣는다?

그게 유일한 목적이라면
다른 방법을 생각하는 게 어떨까?
타투가 아니더라도 성경을 가까이하고
주야로 말씀과 친밀할 수 있는 방법이 많지 않을까?

사실 본심에는 하나의 패션이고, 멋있다는
이유가 있다는 걸 인정해야 해.

그런데 말씀과 가까이하기 위해서라는
대의적 명분 아래 성경적 지지를 받아버리면
네 본심이 성경의 점검을 받지 못한다고.

왜냐하면 '그런 마음이라면 해도 돼!'라는
성경의 지지를 이미 획득했기 때문이야.

이게 정말 위험한 거야.
오로지 말씀을 가까이하는 게 목적이라면
성경을 항상 갖고 다녀.
티셔츠에 '나는 크리스천이다!' 적어 넣어.

그러니까 뭔가를 하고 싶을 때
명분 속에 숨은 본심을
말씀을 통해서 드러낼 수 있어야 하고,
발견할 수 있어야 돼.

이걸 점검해볼 수 있었으면 좋겠어.
만약 본심이 인정되면 이미 시작했더라도
얼마든지 말씀을 근거로 다시 수정할 수 있어.

내 원함을 성경에 끼워 맞춰서
내 원함대로 하겠다?
이러면 정말 위험해.

타루라는 주제로 말했지만

다른 것도 동일해.

일단 네 본심을 제대로 파악하라고.
오케이?

일단 하나님에 대한 인식에 오해가 있어.
하나님은 나를 지옥에 보내시는 분이다,
이렇게 생각하거나 인식해서는 안 돼.

하나님은 나를 지옥에서 건져내실 분으로
인식해야 돼. 이게 핵심이야.

하나님 없이 사는 인생의 결론은
허망, 허무, 파멸, 죽음, 사망, 지옥이었어.
하나님 없이는 그렇게 살 수밖에 없었는데
하나님 안에서 살면 생명과 평안이 있다고
말씀하셨단 말이지.

그러니까 하나님은 우리를 판단하여
지옥에 보내실지, 천국에 보내실지를
결정하시는 분이 아니고
지옥에 갈 인생을 건져내셔서
영원한 생명으로 이끌어 가실 분이라고.

그러면 죽음의 두려움 앞에서
하나님 앞에 나아갈 수 있는 결정이 가능해져.

지옥에 갈 것 같은 두려움이 생기는 이유는
하나님이 나를 보고 마음에 안 들면
지옥에 보낼 거라는 인식 때문이야.

그런데 하나님이 나를 지옥에서
건져내실 분이라는 생각을 가지면
내가 진짜 엉망일수록
하나님 앞에 더 나아갈 수밖에 없게 되는 거야.
이게 중요한 차이야.

'쉰들러 리스트'라는 영화가 있어.
오스카 쉰들러라는 사업가는
2차 세계대전 당시 나치의 학살로부터
유태인들의 탈출을 도와준 분이야.

영화 마지막 부분에서 쉰들러는
"차를 팔면 열 명은 더 살릴 수 있었을 텐데"
"금배지를 팔면 두 명은 더 살릴 수 있었는데"라며
자신이 한 사람이라도 더 살리지 못한 것을

정말 가슴 아파해.

그런데 사람들은 쉰들러가
다른 유대인들을 더 살리지 못한 것에 대한
책임을 묻지 않아.
오히려 그가 살린 사람들을 생각했단 말이야.
그렇게 그는 영웅으로 기록되었어.

마찬가지야.
하나님을 떠난 죄인은
본래 죽을 수밖에 없어.
그런데 죽을 수밖에 없었던 자들을
살리신 것이 하나님이 하신 일이야.

나를 지옥에 보내실 하나님이 아니라
죽음과 지옥 가운데서 건져내신
하나님으로 인식하면
우리의 어떠함과 상관없이
하나님 앞에 나아가는 일이 가능해져.

그럼 어떤 일이 일어나느냐.

지옥 갈 것 같은 두려움이 있을 때
하나님을 생각하면 안심이 돼.
'이런 나라도 어떤 자격을 요구하지 않으시고,
나를 살리시기로 하셨다.'
도리어 하나님 때문에 안심이 되는 거야.

그런 마음으로 나아가면
두려움이 결론이 아니라
그 두려움을 통해서
하나님 앞에 나아가는 일이 가능해질 거야.

자살하면 지옥 가요?

여러 논쟁이 있는 말인데
나는 구원의 주권은
하나님께 있다고 말하고 싶어.
하나님께 있기 때문에
자살한 사람이 어디에 갔는지는 몰라.

여기서 말한 모른다는 말은
진짜 모르겠다는 말이 아니라
하나님이 결정하셨으면
그것이 가장 선한 게 맞는데,
선하신 하나님이 그 사람의 인생에
언제 어떻게 개입하셨는지를 모른다는 거야.

그 사람의 단편적인 모습만 보고
단정지을 수 없다는 말이야.

예를 들면 예수님이 십자가에 매달리셨을 때
우편에 있는 강도가 예수님께 속삭이듯이

"나를 기억하소서"라고 구했을 때
예수님이 "오늘 네가 나와 함께 낙원에 있으리라"
말씀하신 걸 모든 사람이 듣지는 않았을 거야.

그러면 십자가에 매달린 강도의 모습만 봤으면
사람들은 그 사람이 지옥에 갔다고 생각할 거야.
이렇게 편협한 시각과 관점을 가지고 있으니
그 사람이 지옥 갔다고
함부로 말할 수 없다는 거야.

그런데 여기서 중요한 포인트가 있어.
자살하면 지옥 간다고 이야기하는 사람들
자살은 사회적 타살이라고 말하는 사람들을
비난하거나 판단하면 안 돼.
왜냐하면 이건 싸울 주제가 아니라
서로 이야기하는 대상이 다르기 때문이야.

자살을 생각하는 사람에게
"자살하면 지옥 가요"라고 겁을 줘서라도
스스로 목숨을 끊는 자리까지 가지 않게 하려는
의도를 가지고 있을 수도 있고.

사랑하는 가족과 친구를 잃은 유가족을 대상으로
"자살은 사회적인 타살이다"라고 하는 것은
남은 사람의 마음을 위로하기 위함일 거야.
유가족에서 자살은 곧 지옥이라고 말하면
그들의 마음이 어떻겠어?

그러니까 이것은 싸움을 붙일 주제가 아니고
구원에 관한 영역은 우리가 '모른다'가 답이야.

우리는 그 사람의 인생 가운데에
하나님이 어떻게 개입하셨는지 다 알 수가 없어.
그저 하나님 손에 달린 문제인 거야.
그런 관점으로 접근을 해야 돼.

혹시나 자살을 생각하고 있다면

하나님께 나아갑시다.
하나님께 은혜를 구해요!!

사람이 가진 속성이 하나 있는데
바로 소망이라는 에너지야.

사람들은 뭔가 하려면 방법을 찾고
안 하려고 하면 변명거리를 찾아.
내가 원하고 소망하면
상황? 환경? 그건 신경 안 써.
그냥 할 수 있는 역동적인 에너지가 있어.

한번 생각해봐.
"자살을 왜 할까?"라고 물어보면
사람들은 "죽을 만큼 힘들어서",
"살 소망이 없어서"라고 말한단 말이야.
그런데 가만히 보면 그렇지 않아.
자살은 소망 때문에 하는 거야.

무슨 말이냐면
지금 날 괴롭게 하고 고통스럽게 만드는

이 모든 상황, 관계로부터 벗어날 수 있을 거라는
소망 때문에 자살을 한다는 거야.
목숨까지 내던질 만한
어마어마한 에너지를 갖고 있지.

하나님도 우릴 살리고자 하는
소망함이 있었어.
그 소망함으로 자신의 전부를
내던지는 결정을 하셨던 것과
동일한 원리야.

그런데 문제는 방법과 선택이야.
자살을 통해 고통으로부터
벗어날 수 있을 거라는 기대로 뛰어들었는데
사실 그건 잘못된 선택이야.
그 방법으로는 벗어날 수가 없어.

반대로 그 역동적인 에너지를 가지고
예수님을 만날 때
어마어마한 일이 일어나는 거야.
내가 그렇게 갈망했던 소망함을 발견한다고.

내 목숨까지 다 내던질 수 있을 만큼의
역동적인 에너지로 예수님을 붙들잖아?
그럼 무슨 일이 일어나도 일어나.

그것을 제대로 경험하지 못하는 이유는
에너지가 잘못된 게 아니라
붙든 게 잘못된 거지.
그래서 더 이상 뭔가 붙잡을 힘조차
없어진 상황이 된 거야.

흔들리지 않는 진리이신 예수님을
붙들게 되었을 때
나를 지탱해줄 거야.

자살은 벗어날 수 있는 길이 아니야.
지금의 그 소망함으로
흔들리지 않는 예수님을 붙드는
결정을 했으면 좋겠어.

알겠지?

은혜를 받았는데 죄를 지어서 괴롭지만,
은혜는 죄인을 용서해주신다고 말하니까
오히려 위로를 받게 되는데
이게 잘못이냐는 거지?

이건 굉장히 조심해야 하는 포인트야.
우리가 하나님의 은혜를 받았는데도
똑같은 연약함에 넘어졌단 말이야.
이때 은혜는 우리에게 어떤 작용을 일으키냐면
위로가 아니라 괴로움이야.

그러니까 죄책감이라는 걸 통해서
말씀 앞에 합당하지 않은 것을 드러내고
말씀 앞에 수정해야 할 것을
나타내는 은혜의 도구라는 거지.

이게 무슨 말이냐면
우리가 은혜를 모르고

하나님이 이루신 복음이 뭔지도 모르면
괴로워할 이유가 뭐가 있어?

죄책감이 드는 이유는
은혜를 알았기 때문이고,
복음을 들었기 때문이야.
그걸 알았는데도 예전과 똑같이
넘어진 모습 때문에 괴로운 거잖아.

만약에 그 괴로운 느낌이 싫어서
받을 자격이 없는 자에게 베푸시는
하나님의 선물이라는 은혜의 의미를
우리의 연약함을 얼렁뚱땅
넘기는 의미로 여긴다면
은혜를 굉장히 값싸게 대하는 태도야.

물론 하나님이 우리에게 주신 은혜는
값없는 은혜이지만 그렇다고 해서
값싸다는 말이 아니야.
이걸 오해하면 안 돼.
하나님이 자신의 전부를 걸고 주신 은혜란 말이야.

그래서 '하나님이 사랑하시니까'라는 말로
그냥 넘어가려고 하면 안 돼.
죄에 넘어졌다면 괴롭고 애통한 게 맞아.

충분히 괴로워하고 애통한 사람은
쉽게 그 죄에 넘어가지 않아.
유혹을 받고 다시 넘어지는 것에
굉장히 망설여진다고.

죄에 대한 괴로움과 애통함이 없잖아?
그럼 유혹 앞에서 '은혜'가 싸구려로 취급되어
어차피 용서해주신다는 말로
정말 쉽게 유혹에 넘어가버리고 말아.

이걸 조심하라는 거야.
애통하는 자는 복이 있을 거야.
죄의 유혹에 쉽게 넘어가지 않기 때문에.

이제 알겠지?

질문 자체가 너무 웃긴 질문이야.
사과하거나 회개할 때
용서받을 걸 미리 생각하고 하는 건
진정한 사과가 아니야.
사과는 그냥 잘못한 걸 잘못했다고
이야기하는 것뿐이야.

그게 우리의 몫이고 용서는 상대방의 몫이야.
그런데 우리는 자꾸 회개하면서
용서받을 걸 생각하고 회개를 한단 말이지.

그러면 회개가 가벼워져.
보상과 뒤따라오는 것을 기대하는 마음으로
회개하는 거잖아.
그러면 내가 받은 용서와 용납이 너무 가벼워져.

회개한다는 건 용서받을 걸 생각하는 게 아니라
하나님 앞에 자복하고 "하나님, 잘못했어요"라고

다시는 그러지 않겠다고 고백하는 거야.

만약 너무 착해서 사과만 하면
다 용서해주는 친구가 있는데
"야, 쟤는 함부로 말해도 미안하다고 하면 다 용서해준대"
사람들이 이렇게 함부로 대하기 시작하면 기분이 어때?
짜증나지. 그리고 그게 친구야?
아니잖아.

결국 우리는 용서를 구하는 것까지,
회개하는 것까지가 우리 몫이야.
그다음은 주님이 알아서 하실 거야.

그러니까 정말 잘못했다는 마음으로
회개하는 것이 우리가 할 일이야.
그래야 회개에 합당한 열매를 맺을 수 있고
은혜를 은혜답게 여길 수 있어.

하나님, 용서, 쉽게 생각하지 마!

'사소한 유혹 앞에서도 이렇게 무력한데
내가 고난을 견딜 수 있을까?
고난 중에서도 믿음을 지키는 성도들처럼
할 수는 없을 거야'라는
생각을 하는 사람이 있어.

그런데 기억해야 할 건
사소한 유혹이든, 고난이든
딱 한 가지를 못하게 해.
그건 바로 하나님의 말씀과 기도의 자리에
나가는 것이거든.

그러니까 사소한 유혹과 고난은
믿음과 질이 다르지 않다는 거야.

오늘 유혹 앞에서 싸우는 그 믿음이
고난 앞에서도 견디게 하는 믿음이 될 거야.
아무리 사소한 유혹이라도 이겨내는 믿음이

핍박도 이겨내는 믿음이 된다고.

이걸 잊어서는 안 돼.
결국 사소한 유혹 앞에서 싸우고자 하는
방향성을 놓치면 안 돼.

죽이 되든 밥이 되든, 설령 오늘 넘어졌어도
같은 공격에 두 번 넘어가지 않겠다는
마음으로 다시 일어나서 싸워야 해.

지금 하고 있는 그 사소한 싸움이
사실을 아주 중요한 싸움이라는 것을
잊지 말자!

4

기분이 제 말을
안 들어요 !

#감정 #기분 #분노 #용서

감사?
잘 들어봐.

감사라고 하는 건
가지고 있는 것, 나에게 주신 것에
감사하라는 말이야.
나한테 없는 것에 감사하라는 게 아니라.

그런데 자꾸 나한테 없는 걸
생각하면서 감사하려고 하니까
당연히 안 되지.

그러니까 감사를 하고 싶으면
이미 내게 주신 것부터 찾아야 해.
받은 복을 세어보라고.

내게 있는 것, 주신 것에 감사할 수 있어야
주실 것을 기대할 수 있어.

없는 것에 불평하지 말고
먼저 주신 것부터 찾아봐.

알겠어?
그게 감사야.

아니! 행복하고 싶은 소망함이
진짜 행복을 찾을 수 있게 하는 원동력이 돼.
행복하고 싶은 소망함 자체는 잘못된 게 아니야.
행복을 찾으려고 하는 방향성이 잘못된 게 문제야.

진짜 행복을 찾기 위해서는
예수님께 가야 하는데
다른 데만 기웃거리고 있는 거지.

왜냐하면 예수 믿는다고 말하는 사람들도
별로 행복해 보이지 않기 때문이야.
똑같이 죽을 것처럼 어려워 보이니까
행복을 찾으려고 해도 예수님한테는 안 가는 거야.

그런 사람들은 예수님을 통해서
자신의 행복을 채우려고 해.
그래서 진짜 행복을 못 느끼는 거야.

예수님 자체가 복이고,
그분과 함께 있는 것 자체가 행복인데
그걸 모르는 거지.

그걸 알면 궁궐에 살아도 행복하고
초막에 살아도 행복하다고 말할 수 있어.
행복의 이유가 상황의 변화나
환경의 개선이 아니라
예수님과 함께하는 것 자체임을 알기 때문이야.

그래서 어떤 상황에서도
"나는 행복하다"라는 고백이 드려지는 거지.

그리스도인은 화를 내면 안 된다는 인식이 있어서
화를 참고 억누르는 데
힘을 쏟다보니까
힘들기도 하고, 화가 잘 안 참아져.
원래 화는 표출해야 하는데 말이야.

그런데 문제는 화를 표출해도
이상한 곳에 표출한다는 거야.
분노를 표출할 때는 표출할 대상이 중요한데,
엉뚱한 곳에 표출하고 있다는 말이야.

나를 화나게 한 대상에게 분노를 표출하는 게 아니야.
그 대상에게 분노를 품게 만들어서
날 이렇게 어렵게 만든 사탄에게 화를 표출해야 해.
분노는 사람에게 향하는 것이 아니라
사람에게 분노를 표출하도록 속이고
나를 괴롭히는 사탄에게 성질을 부려야 해.

분노는 참는 게 아니라
표출해야 할 대상인 사탄에게 표출하는 거야.

알겠어?

어떻게 사탄한테 화를 내고
분노를 표출하냐고?
사람과 사람 사이를 한번 생각해봐.

사람 사이에서 화가 나면 무슨 일을 해?
일단 대화를 안 해.
사탄에게 분노를 표출할 때도
사탄이 하는 이야기를 듣지 마.
그냥 무시해.

만약 사탄 이야기를 자꾸 듣게 되고
귀를 기울이거나 의미를 부여하면
너한테 별로 도움이 안 돼.
분명 별일 아니었는데 큰일처럼 느껴져.

예를 들어 상대방은 별 의미가 없었는데
사탄이 "야, 쟤가 너 무시하잖아,
너 무시하니까 저렇게 행동하는 거야"라고

자꾸 화를 부추기는데 그 말을 계속 들으면
화는 사탄이 아니라 상대방에게 향하게 돼.

그러니까 그냥 무시해.

사탄의 말인지 하나님의 말씀인지
분별하는 건 별로 어렵지 않을 거야.
사탄이 하는 말은 처음에는
되게 단 것 같은데 곱씹을수록 쓰거든.

그런데 하나님의 말씀은
처음에는 쓴 것 같은데 곱씹을수록 달아.
너에게 유익이 되는 말씀이야.

사탄의 달콤한 몇 마디에 휘둘려도
곱씹을수록 쓰다는 걸 알게 될 거야.
그럼 과감히 뱉어 버려.
그리고 더 이상 듣지 마.

이게 사탄에게 분노를 표출하는 방법이야!

46 사탄한테 어떻게 더 적극적으로 분노를 표현해요?

적극적으로 분노를 표현하는 방법?
바로 사탄이 시키는 것과 정반대로 하는 거야.

사탄은 기가 막힌 목적과 방향이 있어.
기분을 좋게 했든, 나쁘게 했든,
너를 힘들게 하든, 안 힘들게 하든,
너를 흔드는 목적은 딱 하나야.
말씀과 기도를 못하게 하는 것.

사탄이 너의 감정을 건드려서
뭘 못 하게 하는지를 곰곰이 생각해봐.
말씀대로 순종하는 걸 못 하게 한단 말이야.
그러니까 사탄이 말하는 거에 정반대로 해보는 거야.

이것이 적극적인 분노 표출 방법이야.
하나님 말씀에 순종하는 건 어렵다고
계속 버티면서 왜 사탄의 말은
기가 막히게 잘 듣는지 모르겠어.

청개구리처럼 반대로 해보라고.
원래 우리가 잘하는 거잖아.
우리 전문이지. 시키면 반대로 하는 거.
그걸 사탄한테 한번 해보라는 거야.

"내가 네 말을 들을 이유가 없다."
"난 말씀 볼 거다."
"난 기도하러 간다."
"난 말씀에 순종한다."

이것이 사탄에게 아주 적극적으로
분노를 표출하는 방식이야.
분노는 이렇게 표출하는 거야.
알겠어?

뜨거웠던 적은 있었고?

열정이 식었다고 했을 때는
열정이 뜨겁다 차갑다의 기준이
명확하지 않다는 것을 생각해야 해.

내가 만약 뜨뜻미지근한데
내 주변에 온통 차가운 사람들뿐이다?
그럼 내가 뜨겁다고 생각할 수도 있어.

거꾸로 나는 차갑다고 생각했는데
상대적으로 뜨거운 사람들을
만나거나 경험했기 때문에
차갑지 않은데 차가워졌다고
느껴졌을 수도 있는 거야.

열정이 식은 게 아니라
원래 뜨겁지 않았을 수도 있어.

그러니까 먼저 내가 뜨거웠던 게
맞는지를 점검해야 해.
알겠어?

우선 점검부터 해!

그럼 공급이 중단됐는지를 살펴봐.

커피포트에 물이 끓는다는 것은
전기가 공급된다는 거야.
만약 끓었던 물이 식었다면
전원이 꺼졌다는 말이겠지.

그러니까 뜨거웠는데 식었다는 것은
전원이 꺼져서 더 이상 에너지가
공급되지 않고 식어가고 있다는 말이야.
공급받지 않으면 식을 수밖에 없다는 건
자연스러운 이치야.

이건 체력이 떨어진 거랑은 다른 말이야.
그건 쉬면 자연스럽게 회복돼.
에너지가 공급이 안 된다는 건
다시 에너지를 공급해줘야지만 살아나.

결국 영적인 공급을 받아야 해.
공급을 받지 않은 채 일을 하면
어려워질 수밖에 없어.

기억해, 어둠은 빛의 부재야.
어둠이 빛을 밀어내는 게 아니야.
빛이 물러나면 어둠이 몰려오는 거야.
불이 꺼지면 자연히 어두워지는 거야.

믿음으로 살아가게 하는 모든 원동력은
말씀과 기도에서부터 나와.
말씀과 기도의 부재가 일어나면
반드시 어둠이 드리우게 되어 있어.
내가 만약 식었다는 걸 발견했다면
공급이 중단됐다는 거야.
그럼 어둠이 드리울 수밖에 없어.

그러니까 내 삶 가운데
어떤 공급처가 중단됐는지부터 살펴야 해.

중단된 공급처를 다시 회복해 봐!

열정이 식은 게 문제가 아닐 수도 있어.

무슨 일을 시작할 때는
사람의 열정이나 새롭게 시작하는 일에 대한
설렘으로 시작할 수 있어.

그런데 일정 수준이 지나고 나면
단순한 호감, 열정, 설렘이라는 감정만으로는
갈 수 없는 수준이 돼.
즉 그 분야에 전문가가 되기 위해서는
단순한 열정이나 설렘이라는 감정을 넘어서는
더 큰 동기가 요구되어질 거라는 말이야.

그러니까 "내가 전문가가 되겠다.
이 영역에 대해서 내가 업으로 삼겠다"라는
수준의 결정이 아니면
그다음 단계로 못 넘어간단 말이야.

교회 열심히 다니고 사역 열심히 해야지,
이 정도의 수준으로는 제자로서의 삶으로
나아갈 수가 없는 거야.

예수님의 제자로 살겠다는 수준으로
방향과 목적을 정하고 내 마음으로 결정해야
그다음 단계로 넘어가는
더 큰 동기가 부어질 수 있어.

더 큰 동기가 부어지고 나면
뜨거울 때만 은혜를 누리는 게 아니라
차가웠을 때도 은혜를 누릴 수 있어.

진짜 너무 멋있지 않니?

나도 너 때문에 힘들어.

힘든 걸 힘들다고 말하는 건 굉장히 중요해.
왜냐하면 친구나 편한 사람들한테는
힘들다고 얘기할 수 있어도
권위 있는 사람에게는 권위자가 나를 평가할 것 같아서
힘들다고 말하지 못할 때가 많아.
심지어 하나님께도 힘들다고 말을 못해.

나도 대표, 리더, 목회자, 남편, 아빠
이런 수식어들이 많이 붙어서
진짜 힘들다고 말할 수 있는 대상이 없고
하나님에게 힘들다고 말하지 못하고 있더라고.

그런데 삶을 살아갈 때
가장 큰 위로는 하나님으로부터 얻어야 해.
진짜 위로를 주실 수 있는 분 앞에 나아가야
네가 진짜 위로를 누릴 수 있어.

믿음이 없어서 힘든 게 아니라
그냥 힘든 거야.
힘든 걸 주님도 아셔.

히브리서에도
"그가 시험을 받아 고난을 당하셨은즉
시험받는 자들을 능히 도우실 수 있느니라"라고
말씀하셨어.

예수님도 인간으로서
삶에 어떤 아픔이 있는지
경험해보셨단 말이야.

그러니까 얼마든지 예수님한테
힘들다고 말할 수 있어.
어쩌면 기다리고 계실지도 몰라.

욕심이 주체가 안 된다고?

이렇게 생각해봐.
엄청 큰 그릇을 만들었는데
간장 종지만큼의 양을 부으면
그만큼밖에 안 채워지겠지?

마찬가지야.
하나님이 처음 우리를 창조하셨을 때는
하나님의 사랑을 무한하게 담을 심령의 존재였는데
하나님의 사랑이 끊겨버리니까
다른 것으로는 절대로 채울 수 없는
공허함만 가득한 심령의 존재가 되어버린 거지.

관계, 명예, 소유 등을
심령에 넣는다고 채워지겠어?
안 되지.

그러니까 심령을 가득 채우려고
이것저것 쑤셔 집어넣는 게 아니라
하나님의 사랑을 공급받아야 해.
하나님의 사랑으로 눈을 돌려야 해.

하나님의 사랑으로 채워지면
부와 명예는 있어도 되고 없어도 돼.
이게 진짜 자유거든.

사도 바울이 "난 풍부해도 되고 궁핍해도 돼."
"배불러도 되고 배고파도 돼"라고 고백한 이유도
하나님의 사랑 때문이야.

하나님의 사랑이 아닌 다른 것으로
채워보려고 하는 것,
그것이 끝 모르는 무저갱 같은 욕심인 거야.

하나님의 사랑으로 방향을 딱 잡으면
나머지는 있어도 그만, 없어도 그만으로 여길 거야.

이렇게 되는 자유를 누릴 수 있도록
하나님의 사랑으로 방향을 틀어!

난 나에게 상처 준 사람을 용서한 적이 없는데
자신은 용서받았다고 자유함을 누리면
되게 억울하잖아.

하나님이 막 부당하게 느껴지고
불의하신 하나님처럼 느껴진단 말이야.

그렇다면 우리가 이렇게 한번 생각해보자.

내가 어떤 이에게 상처를 줬어.
그런데 하나님의 공의는 남녀노소,
어떤 상황과 처지든지 상관없이
동일하게 적용되어야 하니까
나도 상응하는 심판을 받아야 해.

재판관이 자기 가족이라서 봐주거나 편들어주고
자기가 싫어하는 사람이라 징계를 더 심하게 내린다면
사람들이 그 재판관을 뭐라고 생각하겠어?

부패한 사람이라고 생각하겠지.

그런데 하나님이 그 사람을 용서하셨다면
나도 동일하게 용서하심을 받게 되겠지.
우리가 이런 관점을 갖게 되면
하나님의 성품이 조금 더 이해될 거야.

하나님은 공의로우신 분이라
모든 이에게 동일한 기준을 적용하셔야 해서
모든 이를 심판하시든지
모든 이에게 기회를 주시든지
하나만 하신다는 말이야.

그러니까 나를 살리고 용서하기 위해서
다른 사람도 용서하시는 거지.
그러니까 저 사람이 용서받았다면
나도 동일한 용서의 기회가 주어진다는 거야.

내 관점으로 보니까 하나님을 오해하는 거야.
속상한 건 이해하지만, 심판만을 바라면
나 역시 기회를 얻지 못하고 심판만 받을 수 있어.

하나님은 그 질서를 잡으시기 위해서
나에게도 기회를 주시기 위해서
저 사람도 용서했다는 것을
잊지 말자.

오케이?

감당하지 못할 시련 앞에 놓인 것 같아서
정말 너무 힘들다면
그 시련이 왜 찾아왔는지
해석이 안 되었다는 거야.

사람들은 제일 먼저
내가 뭘 잘못했나?
내가 뭐 실수한 게 있나? 살펴볼 거야.

시련을 통해 하나님 앞에 합당하지 않은
태도를 점검하는 좋은 기회가 되는 거지.

그다음에 하나님이 허락하신 시련인지
내가 자초한 시련인지를 점검해봐야 해.

예를 들면 빚을 지고 빚더미에 앉았는데
하나님이 허락하신 시련이라고 보기에는
좀 그렇지?

이건 스스로 자초한 시련이야.

그러니까 우리가 기도하고
말씀에 순종한 것이 아니라면
스스로 자초한 시련일 가능성이 크단 말이야.

하나님이 정해놓으신 질서가 있어.
"심은 대로 거둔다."
삶이 어려워진 것을 다 하나님의 탓으로
돌리면 안 되는 거야.

그게 아니라면 지금 공부하거나
운동한다고 생각해봐.

운동하고 공부를 하는데
내가 감당할 수 있는 것이
1+1=2 수준이라고
계속 1+1=2 문제만 낼까?

더 배우고 익힐 수 있도록
조금은 버겁게 느껴질 정도까지
문제를 낼 거야.

시련도 마찬가지야.
지금 내 상태로는 감당하기 쉽지 않은 시련도
믿음의 분량이 늘어나고,
성장하게 될 가능성을 보시고
지금의 시련을 허락하셨다고 생각해야 해.

'아! 하나님이 나를 성장시키려고 하시는구나!'
'성장할 가능성이 있는 대상으로 보시는 거네!'라는
관점으로 접근하면 얼마든지 이겨낼 수 있어.

정리하면
첫 번째, 내가 자초한 시련인지를 점검하라.
두 번째, 성장할 수 있는 기회를 맞이했음을 인지하라.

오케이?

우리가 믿음으로 살아갈 때
영적인 의미를 부여하지 않아도 되는 일에
자꾸 영적인 의미를 부여하면
별일이 아닌데 영적인 의미로 바뀌어.

예를 들면 그냥 짜증이 난 거야.
누구라도 그 상황에서는 자연스럽게
짜증이 날 수밖에 없는데
믿음이 없어서 짜증이 났다고 생각하면
그때부터 어려워지기 시작해.

상황은 상황일 뿐이야.
상황은 상황으로, 결론은 말씀으로 가야 해.
마찬가지로 감정은 감정으로, 결론은 말씀으로.
결국 아랫입술 꽉 깨물고 말씀으로 결론 내리고
말씀으로 결정하고 선택해야 해.

실제로 어떻게 사용하냐면

어려운 상황이 찾아왔을 때
인생의 중요한 가치와 감정을 놓고
뭐가 더 중요한지 생각하고
더 중요한 것을 선택하는 거야.

예를 들어 어려운 일이 생겼을 때
'그래서 어쩌라고? 사명을 놓을 거야?'
'그래서 사명 그만둬?'라고
생각하면 순간 들어온 감정과 상황이
아무것도 아닌 것처럼 여겨진다는 말이야.

감정이라는 건 되게 기복이 있어서
반드시 금방 사라져.

그러니까 감정이 막 휘몰아칠 때
무언가를 선택하면 반드시 후회해.
그때는 아랫입술 꽉 깨물고 아무것도 결정하지 마.
일단 기다려.
그러면 반드시 감정은 사라질 거야.
그러면 말씀으로 결론 내리고 선택할 수 있어!

너희도 이런 결정을 한번 해보면 좋을 것 같다.

내가 받은 용서의 의미를 아는 건 굉장히 중요해.

내가 받은 용서나 은혜가 가벼워지면
이전에 저질렀던 똑같은 짓을 저지르는 것 역시
가벼워져. 쉬워진다고!

하나님은 이스라엘 백성이 가나안에 들어갈 때
"내가 광야에서도 너희와 함께 있었던
너희 하나님 여호와다"라는 것을 잊지 말라고 했어.
그래야 가나안 땅에 들어가서도
하나님을 기억하면서 그들의 삶을
정돈하며 살 수 있었다고.

주기도문에 보면, 제일 이해 안 되는 문장이
"우리가 우리에게 죄지은 자를 사하여준 것같이
우리 죄를 사하여주시옵고"야.

이 말은 잘못 들으면

'우리가 우리에게 죄지은 자를 사해줬으니까
하나님이 나도 용서해줘야 해'라는 오해를 품어.

그런데 이 말의 의미를 가만 들여다보면
나에게 잘못하고 죄지은 사람을 용서해봐서
용서의 의미와 그것이 얼마나 힘든지를 알게 되어
용서나 은혜를 가볍게 여기지 않게 된다는 말이야.

주기도문의 저 부분은
'하나님, 제가 저에게 죄지은 사람을 용서해보니
용서의 의미를 깨달았어요.
그 용서를 값싸게 여기지 않을게요.
내가 받은 은혜를 은혜답게 여길 테니
그 은혜를 내게 주십시오'라는 고백이 되는 거야.

만약 이것이 제대로 이해되지 않으면
무슨 일이 일어나냐면
1만 달란트 탕감받은 비유에
도저히 갚을 수 없는 어마어마한 액수를
탕감받더라도 '어차피 갚을 수 없었던 돈이었어'라고
생각해서 용서의 의미를 깨닫지 못하여
자신에게 적은 빚을 진 사람조차 용서하지 않고

멱살을 잡고 돈 내놓으라는 태도가 나타나게 돼.

자신이 받은 걸 생각하지 못하는 거야.
1만 달란트 탕감받은 용서가
자신에게는 백 데나리온의 가치도 안 되는 거지.

그래서 은혜를 은혜로 아는 것이 굉장히 중요해.
내가 받은 사랑이 어떤 사랑이었는지 잘 몰랐다면
내가 받은 사랑, 내가 받은 은혜대로
한번 다른 이에게 베풀어봐.

그게 얼마나 쉽지 않은 건지 알게 될 거야.
사랑하는 자리에 서면
나를 얼마나 사랑하셨는지를 알게 되고,
용서의 자리에 서면
내가 받은 용서의 가치가 어떤 것인지 알게 될 거야.

그래서 순종하라고 하시는 거거든?
그러니까 한번 그 자리에 서봤으면 좋겠어.

5

왜 자꾸 성경을 읽으라 그래요!

#말씀 #성경 #설교 #묵상

56 죄책감만 들어서 말씀 보기 싫어요

말씀을 보면 볼수록 자꾸 죄책감만 들고
말씀을 가까이하고 싶지 않다고?
야! 죄책감도 없으면 어떡해?

성경은 그리스도 예수 안에 있는 자에게는
정죄가 없다고 했지 정죄감이 없다고는 안 했어.
정죄감이 남아 있단 말이야.

죄책감이 왜 느껴져?
뭔가 잘못했으니까 느껴지는 거 아니겠어?
그럼 그걸 수정할 수 있는 너무 좋은 기회인데,
죄책감 느낀다고 말씀 앞에 나아가지 못한다고?
말이 안 되는 거지.

그러니까 죄책감이라는 것은
말씀 앞에 합당하지 않은 것을 드러내시고
말씀 앞에 수정돼야 할 것을
보여주시는 은혜의 도구인 거야.

그러니까 죄책감은 나쁜 게 아니다.
말씀을 통해 나아가며 느껴야 해.
그래야 말씀 앞에서 올바르게 수정하고
교정할 수 있게 된다고.

알겠어?

성경이 재미없다고?
일단 재미있을 수만은 없다.
재밌는 거 원하면 그냥 만화책을 봐.

네가 만약에 구매를 고민하는 기계가 있는데
그 기계의 설명서를 들여다보는 태도와
네가 이미 구매한 기계의 설명서를 보는 태도가
같을까? 다를까?
당연히 다르지.

왜냐하면 구매를 고민할 때는
필요한 기능이 있는지만 살펴볼 거야.
그런데 이미 구매했다면 기능을 제대로 활용하기 위해서
설명서들을 상세하게 살필 거야.
따라서 성경이 재미없는 첫 번째 이유는
내가 말씀대로 살려고 하지 않기 때문이야.

내가 직접 말씀대로 살아보려고 하지 않는

태도로 성경을 대하니까
성경이 소설책보다도 못하게 느껴지는 거지.
종교적으로 어쩔 수 없이 읽어야 한다는 마음으로
성경을 읽으면 당연히 재미없어.

내가 진짜 말씀대로 살아보려고
성경을 읽으면 그것만큼 현실성이 있고
생동감 있는 것이 없어.

알겠어?
두 번째 이유도 바로 알아보자!

두 번째 이유는
말씀대로 살아보려고 했지만
잘 안 느껴지고, 안 되기 때문이야.

그런데 뭐든지 설명서를 보고 이해했다고 해서
처음부터 숙달되지는 않거든.
적응하고 익숙해지는데
시간이 걸릴 수밖에 없어.

나도 장난감을 하나 샀었는데
설명서에서는 분명히 3시간만 투자하면
숙달된다고 했는데 3시간을 투자해도
마음처럼 안 되는 거야.
분명히 재밌는데 숙달이 안 되니까
제대로 재미를 느낄 수 없는 거야.

성경도 "믿음으로 살아! 살 수 있다"고
이야기했지만 시간이 얼마나 걸린다고는

이야기 안 했잖아.

말씀대로 살아보고,
말씀이 충분히 체화되고,
숙달될 때까지 하다보면
다윗처럼 말씀이 꿀과 송이꿀보다 더 달다고
고백할 수 있어.

성경이 너무 어렵다고?
그 질문 나올 줄 알았어.
성경을 무서워해서 그래.

한국인의 특징인데
일단 완벽한 문장을 구사하지 못할 바에는
아예 말을 안 하겠다는 정서가 있어.
영어 배우는데 돈을 엄청 써도
외국인 만나면 한 마디도 못하는 것처럼.

성경을 완벽하게 해석하거나
원어적으로도 전혀 문제 없이
해석하지 못할 바에는
그냥 전문가에게 맡기겠다는 거지.
그러니까 스스로 성경을 못 보게 되는 거야.

성경은 특정 전문성을 가진 사람만이
볼 수 있는 책이 아니야.

왜냐하면 하나님이 이렇게 말씀하셨거든.
모든 사람이 구원을 받으며
진리를 아는 데에 이르기를 원하신다.

모든 사람이 진리를 알기 원하셨는데
성경을 복잡하게 만드셨을까?

하나님은 우리의 무지함에
제한을 받으시는 분이 아니야.
하나님은 우리의 무지함을 통해서도
우리에게 하고자 하시는 말씀을
하실 수 있는 분이야.

딱 하나만 준비되면 되는 거야.

마음의 중심이 하나님을 알고 싶고
하나님의 마음과 뜻을 알고 싶은 소망함으로
성경을 읽으면
성령 하나님이 교정해 주시고 깨닫게 해주셔.

그러니까 겁먹지 말고 성경을 일단 펼쳐.
펼치기나 하고 말해.

성경을 제대로 읽는 게 뭔지 알려줄게.
성경을 읽을 때 내가 성경을 분석하고
내가 성경을 읽는 게 아니야.

그게 무슨 소리냐고?

성경이 나를 읽고
성경이 나를 분석해야 한다는 거야.
하나님의 말씀은 좌우의 날선 검보다도
예리해서 관절과 골수를 찔러 쪼개기까지 해.
그게 하나님의 말씀이야.

그런데 만약 내가 성경을 읽고 분석한다?
그러면 교훈 그 이상으로 넘어갈 수 없어.
이스라엘의 반역을 보면
'나도 반역하지 말아야 되겠다.'
베드로를 보면
'나도 베드로처럼 예수님 따라가야 되겠다.'

이렇게만 읽게 된다고.

그런데 성경이 나를 읽어 내려가기 시작하면
어떤 일이 일어나느냐?
이스라엘의 반역을 보면
하나님을 향한 나의 반역을 드러내고,
베드로를 보면
주님을 따르고자 하는 베드로의 소망함이
나에게도 일어나는 거야.

그렇게 되면
이스라엘에게 임한 은혜가 내게 임한 은혜가 되고,
베드로에게 임한 은혜가 나에게도 임하는 거지.

그런 태도로 성경을 읽을 때
내 삶이 바뀌게 되는 거야.

그러니까 성경을 제대로 읽으라고!!

내가 하나만 충고할게.
어떤 문제 앞에 섰을 때
믿음으로 갈 수 있는지 없는지를 점검하려면
"말씀보고 기도해라"라는 말이
너에게 솔루션이 되는지를 확인해야 해.

만약 될 수 없다면 넌 문제를 제대로 해결할 수 없어.
그리스도인에게 "말씀보고 기도해라"라는 말은
최고의 솔루션이 되어야 한다는 거야.

그렇지 않다면
말씀과 기도가 현실이 아니라는 거야.
현실도 아닌 허상 같은 삶을 살려고 하니까
쉽지 않고 어려운 거라고.

그리스도인에게 있어서
삶의 방향을 결정짓는 최고의 솔루션은
"말씀보고 기도해"야.

이게 너에게 솔루션이 되고 있는지 점검하면
믿음의 방향을 잡는 데 굉장한 도움이 될 거야.

알겠지?

성경을 왜 읽어야 하냐고?

사람은 자기 마음을 모르기 때문이야.
알아도 표현할 방법이 없어서 표현을 못 해.

예를 들면 내 안에 일어나는 마음의 상태를
진단할 수 있는 단어를 찾지 못하는 거지.
사람을 제일 환장하는 게 뭔 줄 알아?
내 상태가 진단이 안 되는 거야.
증상이 있는데 진단이 안 되면 환장하거든.

그러니까 사람들도 그냥
스트레스, 우울증이라고 하고 넘기는 거야.
분명한 원인이 있을 텐데
진단이 안 되니까 사람을 미치게 만든단 말이야.

그런데 성경은 보여지는 모습이나
내 속에서 일어나는 일에 대한 진단을

내려줄 수 있는 '워딩'을 갖고 있어.

하나님의 말씀은 살아 있고 활력이 있어
좌우에 날선 어떤 검보다도 예리하여
혼과 영과 및 관절과 골수를 찔러 쪼개기까지 하며
마음의 생각과 뜻을 판단하잖아.

그러니까 우리 안에 일어나는
내 심령의 상태가 어떤지를
진단해주는 너무 좋은 역할이라는 말이야.

우리는 어려우면
'짜증난다, 신경질난다'라고밖에 표현을 못 하지만
성경에는 고급진 워딩이 많아서
'애통함, 갈급함'일 수도 있고,
'의에 주리고 목마른' 것일 수도 있어.
그리고 내 마음에 있는 본심,
선한 의도 안에 숨어 있는 악심도 드러낼 수가 있어.

성경이 이렇게 내 마음을 진단 내려주기 때문에
성경을 읽으라는 거야.
성경을 읽어야 그 워딩으로

내 마음을 표현할 수 있어.

표면적으로 보이진 않지만 어려움이 있었는데
"너 이것 때문에 어렵지?"
"너 이것 때문에 힘들지?"
이렇게 마음을 쿡 찌르잖아?
그러면 눈물이 왈칵 쏟아진다고.

알겠어?

우리가 믿어야 하는 내용이 담겨 있기 때문이야.
너는 뭘 믿을 거야? 목사님 말 믿을 거야?

믿음생활 하는데 믿어야 할 내용이 담겨 있는
책이 바로 성경이고 우리 믿음의 대상은 하나님이셔.
제대로 믿으려면 믿으려고 하는 대상을
알아가야 한단 말이야.
성경 안에서 우리의 믿음이 자라가는 거야.

그런데 만약 그렇게 하지 않으면
무슨 일이 일어나느냐.
내가 말씀을 전할 때마다 항상 하는 이야기가 있어.

"제가 오늘 설교한 것을 집에 가셔서
성경으로 다시 한번 확인해보셔야 합니다.
점검하고 믿으셔야지
설교자가 전해주는 이야기니까 그냥 두 눈 딱 감고
무조건 받아들이시면 안 됩니다."

우리가 믿음의 근거를 성경에 두지 않고
사람에 두면 사람의 말이라서 믿게 되는 거야.
그러면 사람에 대해서 실망하게 되면
그 사람이 전해준 내용에도 같이 실망하게 된단 말이야.
예수님의 말씀에 대해서도
같이 실망하게 되는 무서운 일이 일어난다고.

그렇기 때문에 우리는 먼저
성경을 읽어 내려가야 돼.
그래서 설교든 신앙서적이든,
하나님 말씀 앞에 서 가는데
도움과 조언을 얻기 위해서 접근하더라도
그 자체를 맹신해서는 안 되는 거야.

말씀에다가 믿음의 근거를 둬야 해.
그래서 성경을 봐야 하고
안 그러면 그냥 종교생활하게 될 거야.
알겠지?

성경을 어떻게 꾸준히 읽을 수 있냐고?
꾸준히 읽으면 돼.
일단 펼치기나 하고 이야기해.

성경은 재미가 목적인 책이 아니야.
재밌으려면 만화책 보라고.

성경은 인생을 살아갈 길이 적혀 있는데
재미까지 바라는 것은
인생이 잘되기 위해서 공부하는데
공부가 재밌지 않으면 공부 못 하겠다는 것과
똑같은 거야.

성경은 우리에게 너무너무 필요한 내용이
담겨 있는 책이야.
우리가 살길이 적혀 있다고!
그런데 재밌어야 하고,
끈기 있게 매일 읽을 수 있는

방법까지 알려줘야 읽을 수 있다고?

그냥 읽어!

나도 성경이 항상 재밌지는 않아.
그런데 성경의 내용이
오늘 내 삶에 나타났을 때는 재밌어.
그 안에서 누릴 수 있는, 약속된 내용들이
오늘도 실제로 일어난다고
생각되면 재미하고는 상관없이
성경을 읽게 돼.
그러니까 먼저 경험해야 해.
성경이 정말 사실이라는 것을 말이야.

다시 말해서
성경이 재미없는 이유는
성경대로 살려고 하지 않아서 그래.
성경처럼 사는 것이 목적이 아니라
종교생활을 위해서 읽어야 할 서적이라고
생각하면 재미없어서 못해.

하지만 성경대로 살 생각으로 읽게 되면

성경이 실제라는 것이
계속 증명되고 확인이 될 거야.
그럼 굉장히 흥미로워져.

그러니까 재밌기만을 바라는 무리한 요구는 하지 마.
공부해야 한다는 필요성을 알려줬으니
공부가 재밌게 해달라는 요구는 하지 말아야지,
그건 이제 우리의 몫이야.
알겠지?

흥미로운 방법으로 성경을 읽고 싶다고?
이 말씀이 오늘 나랑 상관있는 이야기라는
관점으로 성경을 보면 돼.

너랑 상관없는 기독교,
너랑 상관없는 이스라엘 역사책
이렇게 보면 재미가 없어.

그런데 아무리 지루한 역사책이라도
오늘 내 시험 성적하고 상관있다면
읽어? 안 읽어?
당연히 읽게 되지.
나랑 상관있는 이야기여야 성경을 펼치게 돼.

그런데 성경은 암호처럼 되어 있어.
신약을 알아야 구약이 풀리고,
구약이 풀려야 신약이 풀리거든.
그렇기 때문에 일부분만 보면

이해할 수 없는 내용이 나와.

그것 때문에 재미없다고 포기하는데
그럴 때일수록
'이게 나랑 상관있는 이야기다!'라는
관점으로 성경을 들여다봐야 해.

예를 들면 네가 누군가와
썸을 타고 있다고 생각을 해봐.
걔가 프로필에 'ㄴㅁㅈㅇ' 이렇게 적었다면
그 내용이 뭔지 알아내려고 노력하겠지?
'ㄴㅁㅈㅇ? 너무 좋다는 뜻인가?'
이렇게 말이야.

그러니까 성경은 나와 상관없는
이스라엘 이야기가 아니라
오늘 나에게 보내는 연애편지,
나 들으라고 하는 소리라고 생각해야 해.

이런 마음, 중심, 태도로 성경을 들여다보면
나에게 보내는 메시지가 보이기 시작할 거야.
그런데 꾸준히 해야 해.

성경은
오늘 나한테 보내는 편지라는 것을 잊지 말고
지금부터라도 꾸준하게 읽으라고.

알겠어?

말씀을 가지고 기도하는데
'말씀을 잘못 분별했으면 어떡하지?
잘못 이해한 거면 어떡하지?'라는
의문이 찾아올 수 있어.

하지만 하나님은 우리의 무지함을 통해서도
우리에게 하고자 하시는 말씀을 하실 수 있는 분이야.
하나님의 마음과 뜻을 알고 싶은 소망함으로
성경을 읽으면 성령 하나님이 내 생각을
교정해주시고 깨닫게 해주셔.

그런데 인본주의적 관점으로
성경을 보려고 하면
내 중심, 내 상태, 내 감정, 내 상황에
맞는 말씀으로 해석해서
말씀과는 다른 길을 가게 될 거야.

인본주의적 관점이 아니라

하나님이 오늘 내게 무슨 말씀을 하실까 하는
기대로 나아가면 하나님은 정확하게 알려주셔.

내가 예전에 권사님하고 함께
성경을 묵상하는 시간이 있었어.
그런데 권사님의 성경에는 동서남북이
'동쪽, 서쪽, 북쪽, 남쪽'이 아니라
'동편, 서편, 북편, 남편'으로 돼 있었어.
그래서 '남쪽'을 나타내는 이야기를
권사님은 '남편(신랑)'으로 묵상하신 거야.

결국 남편을 사랑하지 못한 자신을
하나님 앞에 회개하시니까 분위기가 이상해졌어.

분명히 잘못 묵상한 거야.
이것을 바로 잡아야 하는지 고민하다가
다른 분에게 조언을 구했는데
이렇게 이야기를 하더라고.

"선교 형제,
하나님은 우리의 무지함에 제한을 받으시지 않아.
하나님은 권사님이 잘못 묵상했더라도

자신의 유익과 만족을 위해서가 아니라
하나님이 어떤 말씀을 하실지에 대한 기대함으로
말씀을 보니까
반드시 다뤄졌어야 하는 영역,
남편을 존중하지 않고 사랑하지 못했던 영역을
드러내셔서 권사님에게 말씀해주신 거야.
그거면 충분한 거야."

인본주의적 관점으로 보지 않는 사람들은
주님이 잘못 묵상한 것을 수정해주실 때
그 수정을 진심으로 받아.
그렇기 때문에 걱정하지 않아도 돼.

그러니까 내가 듣고 싶고,
내가 받고 싶은 말씀을 찾으려고
성경을 보는 게 아니라
하나님이 내게 말씀하실 말씀을 기대함으로 보면
반드시 하나님이 말씀하셔.

또 그 말씀을 기도로 구하기 시작하면
놀라운 일이 일어나게 돼.
기도의 가장 큰 능력은

내가 구한 것이 이루어지는 것이 아니라
기도하는 사람을 바꾸기 때문이야.

기도하는 사람이 바뀌면 기도제목이
하나님이 기뻐하시는 기도제목으로 바뀌게 돼.
그러면 응답받는 기도의 자리로
나아갈 수 있게 되는 거야.

오케이?

믿음으로 살아가는 데에 있어서 필요한 건 말씀이야.
그런데 사람마다 말씀을 다 다르게 이해해.

글을 읽을 때는 직역을 해도 되는 것들이 있지만
어떤 것은 직역하면 안 되고,
그 이야기를 왜 썼는지 문맥과 단락
혹은 그때 상황까지 봐야지만
저자가 원래 쓰고자 했었던 의미를
파악할 수 있는 글들이 많단 말이야.

예를 들면 남자에게 "뭐 먹을래?"라고 했는데
"아무거나"라고 했다면
얘는 뭘 먹느냐가 별로 중요하지 않아.
그냥 뱃속에다가 아무거나 집어넣으면 되는 거야.

그런데 여자에게 똑같이 "뭐 먹을래?"라고 했는데
"아무거나"라고 했다면
'아무거나 먹겠다'가 아니야.

'나는 지금 딱히 대답할 만한 메뉴가 떠오르지 않으니까
내가 좋아할 만한 메뉴를 알아서 정해'라는 뜻이야.

만약 여자의 말을 직역해버렸다?
그러면 곧 어려워지는 거야.
"아무거나 먹겠다며!"라는
말과 함께 싸움이 시작되는 거지.

이와 마찬가지로
성경에 나온 '기쁨'이라는 단어를
정욕을 채울 때 느꼈던 쾌락으로 이해하면
항상 기뻐하라는 말씀이
이해가 안 되고, 현실성 없는 이야기로 다가온단 말이야.
그래서 성경에서 말하는 '기쁨'의 의미를
먼저 아는 게 중요해.

내가 경험한 'wording'을
성경에 그대로 접목하면
성경이 이해가 안 되고, 말이 안 될 거야.

우리가 '힘들어 죽겠다'는 말을 흔히 사용하는데
여기서 '죽겠다'의 의미는 진짜 죽음이 아니잖아.

그러니까 성경도 직역할 게 있고,
숨은 의미를 파악할 게 있는 거야.

그런데 사람들은 직역하지 않아야 하는데
원하는 말이 나와서 마음대로 직역하고
직역해야 하는데 원하지 않는 말이라서
아마도 숨은 뜻이 있을 거라고 직역하지 않는
이상한 심보가 있단 말이지.

그 심보를 조심해야 돼.
성경을 마음대로 해석하면
삶에 적용할 때 상당한 어려움이 생길 거야.

성경을 마음대로 해석하지 않을 때
성경이 현실성 없는 내용이 아니라고
깨닫게 될 거야.

68 성경에 대한 의문이 꼭 필요해요?

성경의 내용이 비현실적인 것 같고,
하나님이 없다고 이야기하는 문화가 조성되다 보니까
내가 알고 있었던 하나님의 실존과
살아계심에 대한 의문과 의심이 찾아 들어오지?

일단 의심이라고 하면
부정적인 단어로 인식이 돼.
왜냐하면 예수님도 의심에 대해서
"오직 믿음으로 구하고 조금도 의심하지 말라
믿음이 작은 자여 왜 의심하였느냐"라고
말씀하셔서 의심과 믿음을
상반된 개념으로 인식하는 게 당연해.

그런데 예수님이 말씀하신 것은
의심을 덮어라, 의심하지 말라는 말보다
믿음으로 넘어가지 않고
의심에 머물러 있는 태도를 지적하신 거야.

우리가 의심에 대하여 제대로 접근하고 의심을 뛰어넘으면
의심을 통해서 기존에 내가 알고 있었던 정보가
확신에 이르게 되는 아주 중요한 키가 될 수 있어.

우리는 백지상태일 때 어떤 정보가 들어오면
백지상태이기 때문에 정보를 있는 그대로 받아들여.

마치 지구가 평평하다는 이야기를 들었는데
나에게 지구에 대한 다른 생각이 없고,
다른 사람들도 그 말에 호의적이고,
여러 정황과 상황이 충분히 설득된다면
'아, 지구는 평평하구나'라고 쉽게 받아들이는 것처럼.

그런데 어느 날 어떤 이가 나타나서
"아니야. 지구는 평평한 게 아니고 둥글다"고 한다면
기존에 내가 갖고 있던 정보가 시험대 위에 오르고
의문과 의심이 찾아 들어오게 돼.

그렇게 의심과 의문이 찾아 들어오면
자신이 믿고 있는 것이 사실이라는 것을 증명해야지만
사실로 받아들일 수 있어.
지식적으로 동의한 것을 넘어선 확신이 생기는 거지.

신앙도 마찬가지야.

모태신앙들은 어릴 때부터

"하나님은 살아계신다"라는 말을 들었어.

어릴 때는 그 말과 부딪칠 것이 없다보니까

'하나님은 살아계시는구나'라고 그냥 받아들였어.

하지만 그건 믿는 상태가 아니야.

그 정보에 대하여 알게 된 상태일 뿐이야.

"하나님은 없다"라는 말을 듣는 순간

믿음의 도전을 받게 되고 검증과 증명의 단계를 거쳐서

내가 알고 있었던 정보가 확신으로 가게 되는 거야.

그러니까 질문과 의문을 통해서

하나님에 대해 알고만 있었던 정보가

확신으로 바뀌게 되는 좋은 기회를 얻을 수 있는 거야.

그런데 우리가 여기서 뭘 잘못했냐면

의문과 의심 자체를 덮는 데에 급급했어.

왜? 경건하지 않다고 생각했기 때문이야.

'의심이 들면 안 돼'

'의심을 품지 않는 상태가 곧 믿음'

이런 인식이 의문과 의심을 덮고 있었어.

하지만 한번 찾아 들어온 의심과 의문은
증명되고 검증되기 전까지는 해결이 안 돼.
마음 구석에 계속 숨어 있어.
그리고 계속해서 들어오는 정보들로 인해
그 의심이 점점 변질되기 시작해.

처음에는 '하나님은 살아계신대'였는데
'진짜 하나님이 살아계신가?'로 바뀌고
그러다 '하나님이 어딨어!'로 바뀌게 돼.
의심이 불신으로 바뀌게 되는 거야.
그래서 의심은 반드시 풀어야 해.

우리는 지금까지 의심은 덮어야 한다고 배웠어.
교회에서 질문이 사라지게 된 이유야.

전능하신 하나님을 알아가는 데 의문이 안 생긴다고?
그건 말도 안 되는 거야.

의문과 의심은 생길 수밖에 없어.
생기는 것 자체가 잘못된 게 아니야.

그것을 통해서 확신으로 넘어갈 수 있도록
"하나님, 저 궁금해요"
"하나님, 알게 해주세요"라고
의심을 직면해야 돼.

그런데 조심해야 되는 영역들이 있어.
그건 바로 이어서 알아보자.

하나님의 살아계심을 검증하고
증명하는 단계로 넘어가지 못하고,
의심에 머물러 있는 사람들이 갖는 태도가 있어.

첫 번째, 의심에 일부러 머물러 있으려고 해.
왜냐고?
의심이 풀리고 확신으로 넘어간 사람들이
어떻게 사는지를 봤기 때문이야.

히브리서 11장에도 나오지. 확신을 얻은 사람들이
살아간 삶에 대한 두려움이 있기 때문에
의심을 해결하지 않고 머물러 있으려 한다는 것이
첫 번째 문제야.

두 번째는 중립적이지 않고 편견을 갖는 거야.
사람은 자신이 객관적이고 중립적이라고 생각해.
근데 그건 착각이야.
사람은 절대 객관적이고 중립적이지 않아.

반드시 한곳에 치우쳐 있어.
선입견과 편견을 가지고 있다는 말이야.

어떤 사실이 참인지 거짓인지를 밝혀내려고 할 때
참임을 밝혀내고 싶은 사람이 있고,
거짓이라고 밝혀내고 싶은 사람이 있어.
그러면 서로 보는 방향이 달라.

참임을 증명하고 싶은 사람은
어떻게든 참인 것을 이야기하는 쪽으로 갈 거고,
거짓임을 증명하고 싶은 사람에게는
사소한 이유라도 부정할 만한 이유가 되는 거야.

그러니까 어쩌면 마음속에 이미
기독교 자체에 대한 부정적인 마음을 가지고 있다면
아무리 증거를 보여줘도 증거가 되지 않아.

그렇기 때문에 내 마음이 어느 방향으로
향해 있는지가 중요해.

세 번째는 '답정너'야.
무슨 의미냐면 "하나님이 능력을 보여주면 믿을게요"야.

예를 들어 상황이 바뀌거나 병이 고쳐진다거나
문제가 해결되어야만 의심을 풀겠다고
하나님과 '딜'을 하는 거야.

내가 원하는 방식으로
하나님의 살아계심을 나타내라는 거지.

그건 하나님을 시험하는 태도야.
사탄이 예수님에게 "돌들을 떡으로 만들어봐,
내 앞에 절해라"라고 한 것과 똑같아.

우리가 정말 올바른 방향을 취하면
그 사람에게 맞는 방법으로
하나님이 자신을 나타내 보여주실 거야.

어떤 이에게는 사도 바울이 다메섹 도상에서
예수님을 만났던 것처럼 만나주실 수도 있어.
홍해를 가르신 하나님의 역사는
오늘도 동일하게 일어날 수 있으니까.

하지만 그렇게 해주면 어떤 문제가 생기냐면
앞으로도 계속 기적을 요구하게 되고,

하나님과의 관계가 인격적인 관계로 발전하지 않고,
내가 필요하고 원하는 것이 있을 때마다
능력을 보여달라고 요구하는 관계가 될 수 있어.
그래서 조심해야 돼.

첫 번째, 의심을 풀고 확신으로 넘어갔을 때
살게 되어질 삶에 대한 두려움을 깨!
확신에 찬 삶을 사는 사람들은 그만큼 행복해.
그런 삶에도 하나님을 향해 달려갈 수밖에 없는
확실한 은혜가 있다고.
그러니까 두려워하지 마.

두 번째, 하나님을 부정하고 싶은 마음이
이미 깔려 있다면 그것부터 풀어야 해.
오해가 풀려야 제대로 고민할 수 있어.

세 번째, 하나님의 살아계심을
내가 원하는 방식으로 보여달라고 요구하지 마.

이런 잘못된 태도를 교정하고
"하나님! 제 안에 찾아 들어오는 의문과 의심들을
통해서 지금까지 알고 있었던 정보가

참이고 사실이며 진리라는 것을 드러내주시고
꼭 알려주세요!"라고 하나님 앞에 구하면
하나님이 하나님의 방법으로
알려주실 거라고 나는 확신해.

나는 그렇게 해서
믿음에 대한, 의문에 대한 답을 얻었어.

너희도 할 수 있어.
그러니까 겁부터 먹지는 마.

6

기도를 5분 이상
할 수 없는데요?

#기도 #믿음 #구원 #신앙생활

기도가 재미 없다?
만약 기도하는 대로 응답이 되면
재밌어? 재미없어?
재밌지.

그럼 재미없는 이유가 뭐야?
응답이 안 되니까 재미없는 거야.
그런데 우리가 기도할 때
응답될 수가 없는 기도를 자꾸 한단 말이지.

예를 들면 "천사 같은 여자 만나게 해주세요"처럼.
천사는 있어도 천사 같은 여자는 없다니까.
그런 기도를 하면 어떻게 들어주시냐고.

성경에 이런 말씀이 있어.
"너희가 내 안에 거하고 내 말이 너희 안에 거하면
무엇이든지 원하는 대로 구하라 그리하면 이루리라"

우리가 그분 안에 있고
하나님 말씀이 우리 안에 있잖아.
그러면 하나님나라와 의를 구하게 되고
그 기도는 반드시 응답돼.

기도가 응답되기 시작하잖아?
그러면 기도가 굉장히 재밌어져.

그러니까 기도가 재밌어지려면
이것부터 점검해.

내가 오늘 하려고 하는 기도 제목이
하나님나라와 상관이 있는가?

오케이?

기도해도 아무런 느낌이 없는데요?

기도하는데 나 혼자 떠드는 것 같은
느낌이 들 때 있어.
허공에다가 혼자 소리지르는 것처럼
무의미해 보이는 것 같기도 해.
그러다보니 기도가 재미없고
기도가 어려워져.

그런데 기도는 응답받을 수 있는 기도를 해야 돼.
응답받을 수 있는 기도를 어떻게 아냐고?

하나님은 공의로우신 분이잖아.
공의롭다는 말은 자기가 뱉은 말을
반드시 지킨다는 말이야.

그러니까 하나님은 공의롭게 분별하거나
판단하실 수도 있지만, 동시에 자기가 뱉은 말,
옳다고 하는 것을 실제로 이행하시는 분이라는 거야.
하나님은 하나님이 뱉으신 말씀을

절대 철회하실 수가 없어.

그런 관점으로 봤을 때
하나님이 우리에게 약속하셨거나
작정하셨다면 우리가 어떠하든지 상관없이
하나님의 공의를 위해서라도 하나님은
약속한 대로 응답하시는 분임을 알 수 있어.
결국 말씀대로 기도하면 반드시 응답하신다는 말이야.

그래서 말씀과 기도는 떼려야 뗄 수 없는
상관관계인데 말씀을 빼놓은 채로
내가 원하고, 내가 하고 싶은 이야기를
아무리 해봐야 우리에게 유익이 되지 않는데
그걸 들어주실 수가 없단 말이야.
성경이 우리 안에 있어야
그 말씀을 근거로 기도할 거 아니야.

아니 보험 보장 항목에도 없는 내용을
'나 그래도 보험료 내고 있었으니까
보장 항목에는 없지만 그래도 보상해줘라!'
이렇게 떼를 부린다고 되겠어?
안 되지.

그러나 보험 보장 항목에 적혀 있는 내용이면
그게 현찰이 된다고.

그러니까 기도는 말씀을 근거로 구해야 해.
그러려면 우리가 말씀을 알아야겠지?

말씀을 근거로 구했을 때
나에게 응답하시고 답해주시는
경험들을 하게 되면
일방이 아닌 쌍방의 교제가 될 수 있어.

보험에 가입했으면
타서 먹으라고!

알겠지?

일단 맞자.

정말 진지하게 이야기할게.
믿음으로 사는 게 잘 안 된다고 하는 게
오늘까지 안 됐다는 거지
내일도 안 될 거란 말이 아니잖아.

그런데 오늘까지 안 됐으니까
내일도 안 될 거라고 쉽게 포기해버리는데
그게 문제야.

오늘까지 안 됐다는 결론이
"내일은 되게 하실 거예요"라는
희망찬 고백이 되어야 하는데
"믿음으로 해도 안 돼요"가
결론이 되어버리니까
내일 다시 일어나고 시도해볼 용기마저
잃어버리게 되는 거야.

내가 사람을 섬기면서 되새기는 말이 있어.

"이 사람의 오늘까지의 모습이
내일의 모습일 거라고 함부로 단정하지 마라.
오늘까지의 실패를 경험 삼아
내일 다시 일어날지 어떻게 아는가?"

그러니까 기억해야 돼.
오늘을 경험 삼아
내일 허락하실 은혜를
기대할 수 있어야 한다고.

오늘의 실패가 내일의 결론이 되면 안 돼.
알겠어?

아직도 안 된다고?
그럼 진짜 맞아야지.

"오늘 안 된다고 포기하지 말라"고
내가 방금 말했는데
"그런데도 안 되는데요?"라고
말하면 되겠어? 안 되겠어?

그럼 이제 뭘 해야 할까요?
어떻게 하면 될까요?
이런 적극적인 태도로 나와야지!

네가 자꾸 패배의식에 사로잡혀 있으면
네 마음에 딱 꽂히는 무언가가 생기기 전까지는
대안이나 방법이라고 생각하지 않을 거야.

우선 '진짜 믿음으로 사는 게 안 되는가?'부터
점검해볼 필요가 있어.

마음만 '믿음으로 살아봐야지'라고 생각했다고
믿음의 삶을 시도했다고 착각하지 마.

명심해.
뭔가 더 해보라는 말에는 귀를 기울여도
뭔가 덜 하라는 말에는 귀 기울일 필요가 없어.
너한테 별로 유익이 안 돼.

정말 안 되는 건지,
아니면 제대로 안 해본 건지
점검한 다음 다시 이야기하자.

드디어 믿음으로 살고 싶어졌어?
거봐, 마음으로만 생각한 거라니까.

마음이 바뀐 상태로
"아, 진짜 해보겠다"라고 생각했다면
우선 설명서대로 제대로 해야 해.

그냥 어디서 주워들은 말로
신앙생활이 이런 거겠지?
봉사 열심히 하면 되겠지?
교회 사역 열심히 하면 되겠지?
이렇게 착각하면 큰일 나.

행위적인 이야기가 아니라
말씀대로 제대로 해봐야지만
믿음대로 살 수 있단 말이야.

결국 성경으로 가야 해.

믿음으로 제대로 살고 싶다면
누구 흉내낼 생각하지 말고
먼저 성경으로 가야 해.

성경에는 순종해야 할 말씀,
믿음으로 어떻게 살아야 하는지를
구체적으로 이야기해주고 있어.
믿음으로 살고 싶다는 태도로
성경을 읽으면 생동감이 넘칠 거야.

그다음은 될 때까지 하는 거야.
네가 해오던 습관이 있어서
했는데도 안 된다고 생각하고
쉽게 포기한단 말이야.

그러니까 될 때까지 하는 게 중요해.
성경은 분명히 된다고 했어.
그럼 "된다"라는 결론으로 될 때까지 해봐.
놀라운 일을 경험할 거야.

이 두 가지 태도를 연습해봐!
알겠어?

75 믿음으로 어떻게 살아요?

내가 말한 두 가지 태도, 잘 연습하고 있니?
좀 더 성장하도록 도와주려고 왔어.

믿음의 삶을 살려고 할 때는
믿음의 결과가 무엇으로 나타나길 원하는지
그 방향이 정말 중요해.

그런데 보통 확 변하고, 견고해지고,
유혹도 안 받고, 흔들리지도 않고,
넘어지지도 않는 그런 삶을 기대한단 말이야.

근데 믿음의 결과는 그렇게 드러나지 않아.
바뀌게 하시는 건 주님이셔.
그래서 우리가 뭐에 집중해야 하냐면
믿음의 주를 바라보는 데 집중해야 해.

그러니까 믿음의 삶을 산 결과는
주님을 믿을 수밖에 없는 상태가 되는 거야.

이것이 바로 믿음으로 견고해진 사람이야.

이거 하나 기억해.
담대한 게 믿음의 사람이 아니라
무서워서 주님을 더 붙들 수밖에 없는 사람이
믿음의 사람이고 우리 믿음의 방향성이야.

이제 충분하지?
나, 간다.

야, 하나님이 순교 아무나 안 시켜.

순교가 영광인 줄 아는 사람한테 시키지.
그러니까 그런 건 걱정 안 해도 될 것 같아.
딱 봐도 넌 무병장수할 것 같다.

그런데 이건 있어.
지금의 믿음으로는 도저히 할 수 없는
믿음의 고백도 충분히 고백할 수 있는 지경까지
주님이 끌고 가실 거야.

그런 하나님을 신뢰함으로써
놀라운 믿음의 고백을 하는 거야.
내 상태를 보고 믿음의 고백을 하려면
절대 못 해.

믿음의 고백은
내가 잘 살아서 하는 게 아니야.

나 이렇게 살 거야,
나 이렇게 달려갈 거라고 하는 삶의 방향이야.

오늘은 비록 내가 그 모습이 아닐지 몰라도
그 삶의 방향을 결정하는 고백이라고.

그러니까 믿음의 고백은 뱉어야 해.
오늘 아멘 못하면, 내일도 아멘 못해.
내 상태 보고 아멘 하는 게 아니라
믿음의 고백대로 이끌어 가실
하나님을 믿음으로써 고백하는 거야.

그러니까 따라 해봐.
"하나님, 순교하겠습니다."

얼른 하라니까?
순교도 감당할 만한 믿음을
하나님이 주실 거야!

우선 머릿속에서 생각만 하면
현실에서는 아무 일도 일어나지 않아.

믿음으로 사는 게 어렵다고만 하는데
성경에서 쉽다고 한 적이 없다는 것을 기억해.
당연히 어려울 수밖에 없어.
자기를 부인하는 게 어떻게 쉽겠어?

그리고 어렵다는 말은 불가능하다는 게 아니야.
그런데 불가능으로 만들어버리고 있어.
예수님은 거짓말 안 하셨어, 사기 안 치셨어.
분명히 어렵다고 말씀하셨어.
그럼에도 가능하다고 말씀하셨고,

그러니까 믿음의 삶은 충분히 가능한데
어렵다는 말로 불가능으로 만들면
시도 자체를 못 하게 돼.
시도 자체를 못 하면 아무 일도 일어나지 않아.

생각해봐. 머릿속에서 복근을 상상한다고
내 배에 복근이 생기지는 않아.
복근을 만들겠다는 생각으로
운동을 시작하는 건 정말 큰 변화야.
물론 운동 첫날은 이전과 크게 다를 게 없어.

하지만 방향이 완전히 달라진 거야.
머릿속으로 어렵다, 힘들다고 생각만 하면
절대 아무 일도 일어나지 않아.

오늘 하루 운동을 시작했다는 것은
완전 정반대의 방향으로 들어섰다는 것이고
그것은 하늘과 땅 차이야.
그러니까 생각은 그만하고 뭐라도 시도해보라고.

제발 머릿속으로만 신앙생활 하지 마.

용서할 사람이 있으면 용서해보고
기도하고 성경을 한 장이라도 읽어보는
과정으로 나아갈 때
하나님의 은혜를 경험할 수 있어.
머릿속에서 생각한다고

실제로 하고 있다고 착각하지 마.

이건 의지로 하는 인간의 행위와 다른 거야.
인간의 행위는 내가 스스로 노력해서
하나님이 요구하시는 의의 기준에
이르겠다는 의지적 실천이야.

이미 주신 하나님의 은혜,
의롭다고 하신 하나님의 은혜를 누리기 위해서
시도하는 것은 그 행위와 달라.

그러니까 제발 좀 뭐라도 해.
알았어?

아무것도 안 하면서 말만 하지 말고.
거룩하게 하실 수 있는
말씀 앞에 나아가는 것까지는
할 수 있지 않겠어?

일단 시도하자고!

🕐 78 새생명이 되었다는데 안 믿어져요

성경은 어떻게 말하고 있어?
"이전 것은 지나갔으니
앞으로 새것이 될 거야"라고 말했니?
"이미 새것이 되었다"라고 말하잖아.

성경은 진리를 말해주는데
의심이 든다면 그건 누가 준 생각이야?
사탄이 준 생각이겠지.

사탄은 하나님이 이루신 진리를 바꿀 수 있는
능력이 없어서 우리를 속여서 스스로
말씀을 믿지 못하게 만드는 전략을 쓰고 있어.

그러니까 그런 의심이 생기면
말씀을 더 굳게 믿어야 해.

여기서 더 믿는다는 말은
새생명에 합당하지 않은 삶의 방식은 버리고,

새생명에 합당한 삶의 방식을 취하는 거야.

이런 결단까지 포함된 태도가
'이미 새것이 되었다'라는 말씀을
가장 정확히 믿는 태도야.

괜찮아, 구원의 주권은 하나님께 있어.
무슨 말이냐면 하나님이 구원을 계획하실 때부터
구원은 내가 잘했냐 못했냐에 상관없이
받을 자격이 없는 자에게 거저 주신
하나님의 결정이라는 거야.

우리가 잘하냐 못하냐가 중요한 게 아니라
구원을 주시는 하나님의 마음이
어떠냐가 더 중요하다고.

성경에서는 뭐라고 했냐면
하나님은 모든 사람이 구원받기를
원하신다고 말씀하셨어.

그런데도 우리가 오해하는 이유는
구원을 개인의 행위에 따른
개별적 구원의 개념으로 접근해서 그래.
그래서 자꾸 불안하고 힘든 거야.

하나님은 모든 사람을 구원하고 싶으셔서
자신의 아들, 독생자 예수 그리스도를 통한
십자가 복음으로 구원을 완성하셨어.

거기서 이루신 구원은 절대로 철회되지 않아.
수천 년간 이어져 오면서
사람의 어떠함 때문에 철회하신 적이 없어.

결국 구원의 확신을 얻으려면
복음을 믿는 믿음을 가져야 해.
그러면 나는 흔들릴지언정
구원의 확신은 흔들리지 않아.

오케이?

내 행위에 따라서 확신이 생기기도 하고
불안이 생기기도 한다면
믿음의 근거를 여전히 복음이 아니라
내 행위에 두고 있는 거지.

근거의 대상을 바꿔야 해.

근거가 복음을 믿는 믿음인지,
나의 어떠함을 믿는 믿음인지를
점검할 수 있는 팁이 있는데

내 연약함을 발견했을 때
'역시 나는 구원받을 자격이 없어'라고
구원의 확신이 흔들리면
믿음의 근거를 나에게 두고 있는 거고
'이런 자격 없는 나까지 사랑하셨구나'라고
은혜로 결론을 내면
믿음의 근거를 복음에 두고 있는 거야.

내가 자격이 없다는 걸 발견하면
크신 은혜가 더 커지는 거야.
로마서 5장 20절에도
"죄가 더한 곳에 은혜가 더욱 넘쳤다"고 고백해.

그렇다고 구원을 가볍게 생각하는 건 옳지 않아.
복음을 믿는 믿음이라는 말에는
내가 이전에 하던 행동을
유지하려고 하지 않는다는 뜻도 들어 있어.

그래서 로마서 6장 1절은 이렇게 고백해.
"그런즉 우리가 무슨 말을 하리요
은혜를 더하게 하려고 죄에 거하겠느냐"

자격 없는 나를 발견하면
자격 없는 나를 사랑하신 하나님의 은혜를 발견하고
'자격 없는 나를 사랑하신 은혜를 입었는데
내가 더 이상 이렇게 살 수 없지!'라는
결론까지 이르게 돼.

이렇게 될 때, 구원 안에서 자유롭게
믿음의 삶을 살아가는 삶이 가능해질 거야.

7

지키기 어려운 것만 시키면서
순종을 바라요 **?**

#순종 #선택 #분별 #타협

순종해야 할 말씀이 분별되었는데 어려워?
분별이 안 되면 안 돼서 어렵고,
되면 지키기 어렵고
아주 대환장 파티네.

하나님이 한 번 "빛이 있으라" 하시니 빛이 있었어.
그리고 지금까지도 그 빛이 있어.
태양도, 닭도, 다른 것들도 다 그렇게 살아.
그런데 왜 너만 말씀에 순종을 안 해?
그냥 해.

말씀에 순종하기 어려운 이유는
그렇게 순종하면 인생을 망칠까봐 두려워서야.

결국 제일 중요한 것은
오늘 들에 있다가 내일 아궁이에 들어갈
들풀도 입히시는 하나님을 믿는 믿음이야.

순종하려면 이 믿음이 준비돼야 해.
하나님은 다른 누구보다 신실하시다.
설마 너한테 해가 되는 걸 시키실까?

그러니까 그냥 해.

알겠어.
성의 있게 대답해줄게.

우리가 순종하려고 할 때 왜 자꾸 힘드냐면
포기해야 할 것에 자꾸 집중해서 그래.

마치 말씀대로 순종하면
내 인생이 내 맘대로 안 될 것 같고,
연애도 못할 것 같고, 거지처럼 살 것 같은
생각이 들어서 그런 거라고.

그건 대단한 착각이야.
말씀 때문에 내 맘대로 안 되는 게 아니라
원래 인생이 내 맘대로 안 돼.
그런데 자꾸 말씀 때문이라고 착각을 해.

말씀이 내 맘대로 안 되는 인생을
가장 안전하고 완전하게 인도해주겠다고 하면

"감사합니다" 하고 그 앞에 엎어져야 하는데
우리가 자꾸 포기해야 할 것,
내려놓아야 될 것, 못하게 될 것에 집중해서
그렇게 못해.

이거 하나 기억해.
순종하기 위해 내려놓아야 될 것을 보는 게 아니라
순종을 통해서 얻게 되어질 것을 보고 순종하는 거야.

그렇게 되면 순종했을 때
그 영광은 내가 뭘 기대했든
기대 이상일 거야.

성경에서 행위와 행함을 나눠놨어.
사도 바울이 부정했던 행위는
내가 스스로 노력해서 하나님이 요구하시는
의와 기준에 이르겠다는 거야.

그런데 야고보서에서 말했던 믿음의 행함은
하나님이 이루신 것들을 믿는 믿음으로 살아가고,
그 믿음을 근거로 하게 되는 것을 말해.
즉 근거 자체가 다른 거야.

내가 지금까지 제시하는 것들은
"네가 이걸 하면 깨끗하게 될 거야"가 아니라
깨끗하게 하신 하나님 앞에 나아가려고
내가 말한 걸 노력하라는 말이야.

디모데전서에도
"하나님의 말씀과 기도로 거룩하여진다"라고 해.
거룩하게 되는 건 내 노력으로 불가능하지만,

거룩하게 하실 수 있는 말씀 앞에
나아가는 것까지는 할 수 있잖아.

그러니까 거룩하게 하시는 말씀 앞까지
나아가자.

알겠지?

순종할 때 우리가 두려운 이유는
기쁨으로 해야만 순종이라는
생각을 갖고 있어서 그래.

그러면 몸으로 순종해도
이건 순종이 아니라는
생각을 할 수도 있단 말이야.

그런데 잘 생각해봐.
마태복음에 보면 두 아들의 이야기가 나와.

아버지가 첫째 아들한테
오늘 포도원에 가서 일하라고 시켰어.
장남이어서 그랬을까, 첫째 아들은
"가겠습니다"라고 했는데 가지 않았어.

둘째 아들은 대놓고 싫다고 했다가
뉘우치고 결국 일하러 갔어.

아버지가 포도원에 가봤더니
거기에 첫째 아들이 있는 게 아니라
안 가겠다고 했던 둘째 아들이 있는 걸 본 거야.

정말 가기 싫었지만
아버지가 가라고 해서 간 거야.
기분은 안 좋았지만
아버지가 말씀하셨기 때문에 간 거지.

이 마음으로 그 자리에 서 있는 둘째 아들을,
아빠는 순종한 아들로 본다는 거야.

마찬가지야.
기쁨으로 해야만 순종이 아니라
힘들고 어려워도 하나님이 말씀하셨다는 이유만으로
거기 가 있다면 내가 어떤 마음으로 서 있든지
하나님은 순종으로 생각하셔.

그러면 크게 어려울 게 없어.
물론 기쁜 마음으로 하면 너무 좋아.
하지만 하기 싫어도 하나님 말씀이라는 이유로
순종하면 주님은 그것도 순종으로 여겨주셔.

순종하면 뭘 볼 수 있냐고?
우선 믿음에 대해서 생각해봐.

믿음은 믿어주는 게 아니라 믿어지는 거야.
그런데 왜 이렇게 믿음생활이 힘드냐?
들은 정보 몇 가지만 가지고 계속 믿으려고 하니까 그래.

한 번 생각해봐.
내가 너한테 사람을 소개했어.
그럼 바로 믿음이 가? 아니잖아.
그 사람에 대한 믿음이 생기려면
그 사람이 믿을 만한지 스스로 알아야 해.
그 사람을 겪어봐야 한다고.

하나님도 하나님에 관한 몇 가지 지식과 정보로
하나님을 믿어주려고 하는 게 아니라
정말 믿을 만한 분이신지를 알려면
직접 겪어봐야 해.

겪어서 알게 되면 흔들리지 않는 믿음을
가질 수 있단 말이야.

하나님이 정말 믿을 만한 분인지
확인할 수 있는 자리가 바로 순종하는 자리야.

그럼 뭘 알게 돼?
살아계신 하나님에 대한 지식이 아니라
살아계신 하나님을 경험하게 돼.
믿어라 말아라 말할 필요가 없게 된다고.
그래서 순종하라는 거야.

믿으면 하나님의 영광을 보여주시겠다고 하는데
우린 자꾸 "보여주세요, 그럼 믿겠습니다."
이런 식으로 나온단 말이야.
내가 원하는 방식으로 보여달라고 하는 거지.

일단 사랑하는 자리, 용서하는 자리에
먼저 뛰어들어서 순종해보면
하나님을 경험하게 돼.

의지를 써서 믿어주는 신앙생활이 아니라

믿어지는 믿음을 가지게 될 거야.
그래서 믿음이 생기는 자리가 바로 순종하는 자리야.

그래서 해보라고 하는 거야.
하나님을 경험하고 나면
더 경험하고 싶고, 더 알고 싶어서
적극적으로 뛰어들게 돼.

다른 사람들은 의지가 좋아서
그 자리까지 간 게 아니야.
살아계신 하나님을 더 경험할 수 있는 자리여서
뛰어들기로 결정한 거야.
고난이 좋을 사람이 어딨고,
가난이 좋을 사람이 어딨어.

이걸 배우면 정말 역동적이고
신나는 신앙생활을 해볼 수 있을 거야.

너도 경험했으면 좋겠다.

86 하나님은 내가 어려워하는 것만 시키는 것 같아요

순종하기 어려운 또 다른 이유는
하나님은 나 싫어하는 것만 시키고,
하나님은 나 무서워하는 것만 시킨다는
오해들이 생겨서야.

하나님은 우리가 무서워하거나
싫어하는 것을 시키시는 게 아니야.
우리가 예상할 수 없는 일을 시키시니
두렵다고 착각하는 거야.

예상되는 일은 전혀 두렵지 않아.
하지만 어떤 일들이 펼쳐질지
예상이 되지 않으면 막연한 두려움을 갖게 돼.

그런데 우리가 그 영역을 넘어서지 않으면
우리는 계속 상식 안에만 갇혀 있어서
상식을 뛰어넘는 하나님을 경험하기가 어려워져.

그러니까 하나님은 우리가 싫어하는 걸
시키시는 게 아니라
그것을 뛰어넘는 하나님을 보여주시고,
경험시켜주시려는 거야.
이걸 오해하면 안 돼.

만약 오해하게 되면 우리가 순종하려고
선택의 기로 앞에 섰을 때
하나님은 'A냐 B냐'라고 하는 선택지 중에
하나님이 원하시는 선택지가 있으니까
네가 한 번 맞춰보라는 식으로
하나님이 우리에게 선택을 강요하시는 것 같은
정서와 느낌을 받게 돼.

결국 A를 선택했는데 정답은 B일까봐
무서워서 순종을 못해.

그런데 하나님은 두려워하지 말라고 하셨어.
무슨 말이냐면 우리가 죽을 쒀도
밥을 만드실 수 있는 것이 하나님의 자신감이야.

"걱정하지 마. 내가 다 알아서 책임져."

하나님은 'A냐 B냐' 하는 선택지에
별 관심이 없으셔.
무슨 의도, 어떤 마음으로 선택했는지가
더 중요하신 거야.

이렇게 생각해보자.
하나님 말씀에 순종하고자 하는 마음으로
'A냐 B냐'라는 선택지 앞에서
하나님이 무엇을 더 기뻐하실까?
무엇이 하나님을 더 영화롭게 할 수 있을까?
고민하여 선택하면 하나님은
그 선택한 마음의 중심을 기뻐 받으신다.

A를 선택해보니까 답이 B야.
그래도 걱정하지 마.
하나님은 우리가 죽쑨 걸
밥으로 만드실 수도 있다고.

내가 하나님을 영화롭게 하자는
마음의 중심으로 선택한 A잖아.
비록 그것이 잘못된 선택이라 하더라도
하나님은 'A'를 'B'로도 바꾸실 수 있는 분이야.

그렇기 때문에 선택지 앞에서
두려워하거나 걱정하지 않아도 돼.
주님도 선택해서 뛰어들라고 말씀하셨어.
"두려워하지 말라. 내가 너와 함께 있어"

나도 분별할 때 모두 옳았던 건 아니었어.
그런데 재밌게도 그런 마음으로 선택하니까
선택한 결과가 한 번도 후회로 남았던 적이 없었어.
주님이 전부 선하게 인도해주셨어.

결국 순종은 해보고 얘기하는 거야.
해보고 경험하게 되었다면
막연한 두려움 없이
어디든 뛰어들 수 있겠다,
이런 마음이 생길 거야.

나도 그걸 경험하고 알려주는 거니까
한번 시도해봐.
그럼 너도 알게 될 거야.

오케이?
한번 뛰어들어보자!

우선!
분별이 안 돼서 정말 어려운 건지,
분별이 된 내용이 하고 싶지 않은 것인지부터
확인해봐야 해.

선생님이 내가 하기 싫은 거 시키면
"야, 너 나와"라고 해도
자기인 줄 알면서
"저요? 제가요? 제가 해요?"
이렇게 재차 확인하는 게 우리야.

그리고 되게 작은 이유이더라도
하지 않아도 되는 명분을 발견하면
그걸 굉장히 부각해서 '아멘'이라고
말하는 경향이 있단 말이야.
이 태도를 정말 조심해야 해.

분별은 어렵지 않아.

순종하려는 마음으로 하나님 앞에서
"하나님, 순종해야 할 말씀을 가르쳐주세요"라고
구하면 하나님이 진짜 뚜렷하게 가르쳐주셔.

나는 그래서 분별이 어렵다기보다
분별이 된 말씀에 순종하기가 더 힘들다고 생각해.

사실 분별 자체는 어렵지는 않아.
내가 원하는 게 아니어서 어려운 거지.
그래서 주님도 "선을 행할 줄 알고도
행하지 아니하면 죄"라고 말씀하셨어.

그러니까 분별이 안 된다는 말로
분별된 말씀을 그냥 넘어가고 있지 않은지를 확인해봐.
분별이 안 돼서 어려운 게 아니라
분별된 게 하기 싫어서
이해 못 한 척, 분별 못 한 척 하고 있을 수도 있어.
혼자서 "안 들려. 아아아…" 이러고 있을 수도 있다고.

알겠지?

88

분별은 어떻게 쉽게 해요?

순종할 준비가 되었다면
쉽게 분별할 수 있는 방법을 알려줄게.

분별이 쉬워지는 상황을 만드는 거야.
A부터 Z까지 모든 가능성과
옵션들을 염두에 놓고 분별하려니까 어려운 거야.

사역을 진행해야 하는데
재정의 한도도 없고, 빚도 질 수 있고,
여러 가지 옵션이 있으면
어떤 것이 맞는지 생각하게 되고
성경적으로 딱히 문제는 없는데
확신은 생기지 않고, 뚜렷한 말씀도 없어서
분별이 어려워져.

그래서 나는 기준을 정해놨어.
무슨 일이 있어도 절대로 빚을 지지 않는다.
이것을 하나님과 약속으로 정해놨어.

그러니까 분별해야 할 선택의 폭이 굉장히 줄어들어.

하나님 말씀 앞에서 내 마음을 지키고자 하면
기준을 세우고 약속을 정해놔야 해.

그럼 어떤 사람은 걱정해.
하나님이 하시려고 하는데
내가 정해놓은 기준들 때문에
하나님을 제한하는 거 아니냐고.

하지만 하나님 앞에서
마음을 지키기 위해서 선택하면
하나님은 하나님이 하시는 방법으로 하셔.

다윗이 사울을 피해 숨어다닐 때
사울 왕이 동굴로 들어왔어.
누가 봐도 하나님이 허락하신 상황처럼 보여.
정말 쉽게 사울을 죽일 수 있었어.

그런데 다윗은
인위적인 방법으로는 왕이 되지 않겠다,
폐하시는 분도 하나님이시고,

세우시는 분도 하나님이시라는
기준을 어떤 상황에서도 양보하지 않았어.

두 번째 기회가 주어졌을 때도 똑같이 행동해.
그렇게 하고 나니까 하나님이 오히려
다윗을 왕으로 세우시잖아.

인위적인 방법이 아닌
가장 완전한 하나님의 방법으로
일을 이루셨다고.
그러니까 분별하려고 할 때
어떤 선택이 가장 좋을지 판단하지 말고
하나님 앞에 내 마음을 지킬 수 있는 기준을 먼저 세워.

세워놓고 타협하지 말고 끝까지 붙들어.
그러면 분별이 쉬워져.

한 번 그렇게 분별하면
대부분 쉬워질 거야.

오케이?

89

어떻게 '항상 기뻐하라'를 지킬 수 있어요?

성경에서 말하는 단어의 정의와
우리가 이해하고 있는 단어의 정의가 다르면
같은 의미인데도 다르게 전달돼.
그러니까 먼저 기쁨에 대해 짚어보자.

우리가 '기쁘다'라고 생각할 때
우리 안에 정리되는 의미와 정의는
감정적으로 굉장히 좋은 상태,
웃음이 저절로 나오는 상태야.
그래서 성경에서 "항상 기뻐하라"는 말이
이해가 안 돼.

그런데 성경에서 말한 '기쁨'은 예수님이야.
왜 그러냐고?

복음의 의미가 뭐야?
기쁜 소식이지.
그럼 기쁜 소식은 뭐야?

예수님이야.
그래서 '기쁨=예수님'이야.

여기까지 읽으면 이런 의문이 생길 거야.
그럼 예수님 때문에 매일 웃어야 해?
예수님 때문에 항상 흥분한 상태로 있어야 해?

우리가 살아보면 그게 불가능하다는 걸 알 거야.
예수님을 알아도 눈물이 나올 때가 있고,
화가 날 때가 있고, 마음이 침체되잖아.

기쁨이 예수님이라는 말을
제대로 이해하지 못 하면
난 기쁜 소식인 예수님을 알아도 기쁘지 않다고 하는
정죄감을 느낄 수도 있어.

성경에서 말한 진정한 의미는
내 안에 예수님이 계시니
내 안에 이미 기쁨이 있다는 거야.

기쁨을 감정으로 이해하면
마치 기쁨을 잃어버린 것처럼 느껴질 수도 있는데

그건 아니야.
기쁨은 '예수님'이시기 때문에
예수님이 내 안에 살아계시는 한
기쁨은 절대 잃어버릴 수가 없어.

결국 항상 기뻐하라는 말은
"네 안에 예수님이 계시느냐?", "기쁨 그 자체이신
예수님이 네 안에 계시느냐?"라는 말이야.

그런데 때로 여러 가지 감정과 상황들이
내 안에 계신 예수님을 가려버리지.
예수님을 가려버리면 안 보이잖아?
그때는 그래도 여전히 내 안에
기쁨이 있다는 것을 믿음으로 봐야 해.

예전에는 가만히 있어도
감정적으로 너무 즐거워서 예수님이 잘 보였지.
하지만 그렇지 않을 때에도 몸을 일으켜서
의지적으로 기쁨을 들여다보려고 해야 해.
그때 사용하는 것이 바로 '믿음'이야.

분명 예수님은 내 안에 계시는데

내 눈을 가리면 없는 것처럼 느껴질 수 있다는 거지.
그렇기 때문에 우리는 믿음으로
기쁨 그 자체이신 예수님을 보려는 태도로
기쁨을 고백해야 해.

그래서 "너 기쁘냐?"라는 질문에 울면서
"네, 기뻐요. 왜냐하면 내 상황은 어렵지만
그렇다고 내가 예수님을 잃어버린 건 아니거든요",
"지금은 화가 나지만, 기쁨 그 자체이신
예수님을 빼앗겨본 적은 없거든요"라고
대답할 수 있다는 거지.

이런 의미로 항상 기뻐하라는 말씀은
무리한 요구가 아니야.

예수님이 계시기 때문에 나는 기쁘다!
이것을 잊지 않으면
절대 기쁨을 잃어버릴 수 없는
사람이 되는 거야.

알겠지?

90

어떻게 '범사에 감사하라'를 지킬 수 있어요?

기쁨에 대한 이야기를 나눴잖아?
이번에는 감사에 대해 이야기해보자.

성경에 보면 범사에 감사하라는 말이 있어.
그런데 범사에 감사하는 게 가능해?
안 되잖아, 쉽지 않아.

감사함이라는 정서를 느낄 때
필요한 조건 두 가지가 있어서 그래.

하나는 나한테 없던 게 생겨야 해.
원래 있던 것에 대한 부분은 감사를 안 해.

또 다른 하나는 내가 일을 해서
당연히 보상받는 건 감사하지 않아.
왜냐하면 내가 일한 것에 대한 당연한 대가니까.

그런데 당연한 게 아닌 것을 얻게 될 때

누군가의 배려, 누군가의 도움, 누군가의 선물로
두 가지 조건이 충족되면 감사함을 느끼게 된단 말이야.

그런데 문제는 늘 없던 게 생겨야 하고
당연한 게 아닌 것들이 주어져야 하니까
범사에 감사할 수가 없어.

그리고 사람들은 재밌는 특징을 하나 갖고 있어.
원래 당연한 게 아니었는데
반복적으로 받다보면
원래 있었던 것처럼 생각해.
영화에도 그런 유명한 대사가 있지.
"호의가 계속되면 그게 권리인 줄 알아."

그래서 범사에 감사하려면 계속 없던 것이 생겨야 하고,
당연한 것이 아니라
당연하지 않은 것이 나한테 주어진 거라는
인식을 갖고 있어야 한단 말이지.

결국 감사의 근거는 은혜여야만 해.
왜냐하면 은혜가 감사의 제목이 되어야만
범사에 감사하는 게 가능하거든.

첫 번째, 하나님이 우리에게 주신 복음의 은혜는
알아가면 알아갈수록 늘 새로워.
지금까지 안 건 발톱에 낀 때 속에 있는
세균의 발톱에 낀 때만큼도 모르는 거야.

한평생 알았다고 해도 다 알 수가 없어.
그러니까 늘 새로운 은혜가 준비되어 있다는 게 은혜야.

두 번째는 받은 은혜가 계속 반복되어도
당연하다는 생각을 갖지 않을 수 있도록
하나님께서 내가 어떤 죄인이었는지를 드러내셔.

그래서 우리가 매일매일 얼마나 연약한지,
우리가 얼마나 소망 없는지를 발견하게 되어
나에게 어떤 은혜를 주셨는지가 깨달아져.

나의 연약함을 발견할수록
은혜는 당연한 게 아니었다는 걸 계속 발견하고,
은혜를 깊이 알아가면 알아갈수록
새롭고 상상할 수 없는 넓은 스펙트럼의 은혜가
준비됐다는 걸 발견하게 돼.

그래서 감사의 제목이 '은혜'가 되면
범사에 감사하는 게 가능하다.

오케이?

91

어떻게 '쉬지 말고 기도하라'를 지킬 수 있어요?

일단 기도는 어렵다는 생각을 가지고 있고,
그 어려운 걸 쉬지 말고 하라니까
밥은 언제 먹고 똥은 언제 싸냐?
이런 볼멘소리가 나오는 거지.

그런데 쉬지 말고 기도하라는 의미 중
우리가 봐야 할 건
기도라는 행위 자체를
많은 사람이 호흡이라 표현하고,
굉장히 중요한 시간이라고 생각을 해.
왜냐하면 예수님도
중요한 순간마다 기도하셨거든.

이렇게 기도가 굉장히 중요한 건 아는데
어렵다는 생각이 있어.
나도 쉬지 말고 기도하라는 말씀을
한번 문자 그대로 해보려고
24시간을 금식하고 기도하기로 했어.

그런데 진짜 알고 있는 모든 성경적 지식과
단어들을 동원해서 기도하고 눈을 떴는데
10분밖에 안 지났더라고.
그때부터는 진짜 버티기야.

그래서 나도 기도는 어렵고 힘들다는 생각이 있어.
회복되고 힐링되기보다는
그 자리에서 견뎌야 할 것 같은 생각처럼 말이야.

가만히 있는 거 잘하는 사람이나
방언으로 기도하는 사람들은 시간이 잘 가는데
나처럼 또박또박 말로 기도하려고 하면 오래 못 가.
정말 쉽지 않아.

그런데 기도가 하나님을 의식하는 행위,
하나님을 잊지 않고 내 삶 곳곳에
하나님이 살아계시고 실재하신다는 것을
의식하며 살아갈 수 있도록 하는
행위라는 것을 깨달았어.

그래서 "쉬지 말고 기도하라"는
'항상 하나님을 의식하고 있어라'라고 생각하게 됐어.

결혼한 사람은 일상 가운데서도
남편이 있는 것처럼, 아내가 있는 것처럼 행동하잖아.
마찬가지로 나도 하나님과 동행하는 사람으로서
하나님을 의식하는 삶을 살아가는 거지.

이걸 기도로 보는 거야.
그래서 일하다가도 하나님께 물어볼 수 있어.
왜냐하면 하나님이 살아계시고, 지금 나와 함께하시니까.

또 필요가 있을 때는 진지하게
따로 시간을 내서 교제할 수 있는 거지.

그래서 난 두 가지 방법으로 기도를 해.
첫 번째는 약속된 시간을 정해놓는 거야.

제일 먼저 사무실에 앉으면 기도로 시작을 해.
하나님, 이런 필요들이 있어요.
하나님, 이런 상황이에요.
하나님께 지혜를 구하는 거야.

두 번째는 일상 가운데서 자연스럽게
하나님과 교제하려고 시도하는 거야.

마치 길을 걸어가면서 이야기하는 것처럼.

"항상 하나님을 의식하고 깨어 있으라."
이것이 기도니까 기도는 어려운 게 아니야.

이렇게 기도하면
하나님 없이 결정하고 고민하는 것이 아니라
인생의 모든 영역이 하나님으로 꽉꽉 채워지고,
말씀에 순종할 힘을 얻게 되는
놀라운 일들을 경험하게 될 거야.

믿음으로 살아가는 모든 원동력은
기도로부터 나와.

하나님을 의식하는 행위가 기도다!
이걸 놓치지 말고 함께 달려가자.

오케이?

8

신앙생활에는
아이러니가 너무 많아요!

#우선순위 #전도 #MZ #비전

우리가 잘 가고 있는지를 점검하고,
확인해볼 수 있는 방법이 있어.

하나님이 살아계시다는 말이
위로인지 아니면 두려움인지,
예수님이 곧 오신다는 말이
위로인지 아니면 두려움인지
확인해봐.

그러면 지금 잘 가고 있는지
점검할 수 있어.

네가 지금 잘 가고 있다면
위로가 될 이야기인데
두려움으로 다가온다면
잘못 가고 있는 거지.

한번 점검해봐.

좋은 질문인데 접근이 잘못됐어.
예수님을 우리의 삶을 구성하는
어떤 부수적인 가치들과
동일선상에 놓고 자꾸 비교하지 마.

예수님은 그런 것들과
비교당할 분이 아니야.

기억해.
예수님은 1순위, 0순위가 아니라
우리의 전부야.

만약 삶을 구성하는 부수적인 가치들이
예수님의 자리를 넘보려고 한다?

1순위에서 2순위로 밀리는 정도가 아니라
전부를 뺏기는 거야.

하나님께 영광이 되는 삶을 산다고 했을 때
사람들은 자기가 가진 것으로
하나님께 영광을 올려드린다고 생각해.

사회적으로 높은 자리,
전문적인 분야에서의 성공 등으로
하나님께 영광이 된다고 생각하는데

솔직히 생각해봐.
하나님 수준에서 영광이면
얼마나 잘해야겠어?

음악 조금 한다고 영광이 되겠어? 아니.
하나님은 음을 창조하신 분이셔.
하나님은 그런 걸로
영광을 받으시는 분이 아닌 거 알겠지?

하나님은 하나님 자체가 영광이셔.

그래서 우리가 영광을 드리는 방법은
내가 어느 자리, 어느 위치, 무엇을 하든지
그 자리에서 하나님이 하나님 되시는 거야.
그때 하나님이 가장 영광을 받으신다고.

그렇다고 하나님 앞에
최고의 것을 드리고 싶은 마음이
잘못된 게 아니야.

하나님은 최고를 받으시는 분이 아니라
최고를 드리려는 마음을 받으시는 분이야.

하나님이 나에게 하나님 되실 때
하나님은 가장 영광 받으신다는 것을
잊지 말자!

95 하나님은 어떤 사람을 사용하시나요?

하나님이 사용하는 사람의 조건은 없어.

하나님이 쓰신다고 했을 때
일 잘하는 일꾼이 필요하다는 관점으로 보면
당연히 실력자를 쓰시겠지.

그런데 하나님은 일꾼이 필요한 게 아니야.
하나님은 이미 전능하시잖아.
아무 도움이 필요 없으시다고.

그런데도 우리를 사용하시는 이유는
영광을 같이 보고 싶으신 거야.
우리도 누리게 해주고 싶으셔서 부르신 거라고.

그러니까 우리 마음 가운데
'내가 주님께 필요한 사람이 돼서
하나님의 일꾼이 되어야지'라는 마음이 아니라
지금, 오늘, 내가 가진 작은 것부터

하나님과 함께하고자 하는 마음을 가져야 해.

예수님이 오병이어의 기적을 보여주셨잖아.
그 시작은 어린아이가 물고기 두 마리와
보리떡 다섯 개를 가져온 거란 말이야.
성경은 그 물고기 두 마리를 '옵사리온'으로 표현했어.

어부들이 큰 물고기는 잡아서 내다팔고
너무 작은 물고기들은 놓아주는데,
옵사리온은 크지도 않고, 작지도 않고,
어중간해서 가져가지 않고 버리고 가는 물고기를 말해.
그러면 가난한 사람들이 그 물고기를 주워가.

그러니까 아이가 옵사리온을 가지고 왔다는 것은
집이 굉장히 가난했다고 볼 수 있어.

그런데 그 아이가 예수님 앞에
자신의 도시락을 내어드렸을 때
예수님은 그 물고기로 수많은 사람을
먹이시는 놀라운 일을 펼치셨지.

아이는 정말 작은 것을 가져왔지만,

예수님과 함께 엄청난 기적의 주역이 된 거야.

하나님이 사용하신다는 의미가 바로 이거야!

오늘 자신의 삶에서 작은 순종을 할 때
하나님이 함께하신다고.

그 마음을 놓치지 마!

96 복음을 잘 전하고 싶어요

복음을 전할 때 가장 중요한 건
스킬이 아니라 내용이야.
복음이 잘 정리가 되었는지,
전할 내용이 준비되어 있는지부터
점검해봐야 한다는 거지.

"복음을 당신의 말로 한 번 설명해보세요"라고
이야기했을 때 복음을 알아도
잘 안 나오는 경우가 있어.
아직 정리가 안 됐다는 거지.

내 말로, 내 글로 설명하지 못하면
그건 아직 아는 게 아니야.

여기저기서 들은 내용으로 복음이 익숙해도
아직 정리가 끝난 게 아니야,
그걸 안다고 말하면 큰일 나.

복음을 잘 전하고 싶다면
첫 번째, 먼저 복음이 정리되었는지
내 것이 되었는지부터 점검하라!

두 번째, 복음이 나에게
정말 기쁜 소식이 되었는지 확인하는 거야.

나한테도 기쁜 소식이 아닌데
받는 사람이 "복음은 기쁜 소식이다"라는 말을
어떻게 받아들이겠어?

만약 복음이 나에게 기쁜 소식이 되었다면
전하는 방법은 사실 큰 의미가 없어.
변할 수 없을 것만 같던 너도 바뀌었는데
불가능이 어디 있겠어?
안 바뀔 사람이 어딨겠냐고.

설득력 있게 전해서 사람이 바뀌는 게 아니라
복음 자체가 능력이기 때문에
제대로 전달되기만 하면 복음이 사람을 바꿔.
말주변이 사람을 바꾸는 게 아니란 말이야!

앞에서 말한 두 가지가 충족되면 그다음에
복음을 어떻게 전할 수 있느냐고 한다면

우선 단회적으로 만나는 사람에게는
다시 만날 거란 보장이 없기에
그 사람의 감정, 상태, 처지, 형편
생각하지 않고 복음의 내용을
있는 그대로, 원색적이고, 분명하고,
헷갈리지 않게 정확하게 선포해.

왜냐하면 내 말이 아니라
복음이 능력이기 때문이야.

만약 반복적으로 만나는 사람이라면
선교사님들이 선교하는 나라의 문화와 언어를 배우듯이
복음을 전하고자 하는 사람의 언어를 배워야 해.
그 사람이 '싫다'를 어떻게 표현하는지,
'좋다'를 어떻게 표현하는지,

'어렵다'를 어떻게 표현하는지 배워야 한다는 말이야.

사람마다 말하는 방식이 다르기 때문이야.
어떤 사람은 진짜 쌍욕을 해야 알아듣고,
어떤 사람은 친절하게 말해야 알아듣고,
어떤 사람은 차근차근 말해야 알아들어.
그 사람이 알아들을 수 있는 방식과 표현으로
복음을 전달하는 것이 중요해.

재밌는 게 그 사람의 문화와 언어를
배우기 시작하면 마음을 열기 시작해.
언제 열릴지는 몰라.
그래서 교제하는 시간을 가져야 해.
그 사람의 언어를 배우고
관계를 형성해야 신뢰를 줄 수 있어.

그렇게 되어야만 서로 소통이 되고,
마음이 전달되고,
내가 전하는 복음을
진지하게 듣는 태도가 나타나.

무작정 교회로 데리고 오는 게 아니라

내가 믿는 예수님을 전달하는 게 복음을 전하는 거야.

복음이 정리되고,
복음이 나에게도 기쁜 소식이고,
그 사람과 관계를 형성하고,
내가 받은 은혜를 나눠야 한다.

내 말이 능력이 아니라
복음이 능력이기 때문에
주님이 하실 것을 기대하면
분명히 전도가 될 거야.

잘 할 수 있지?

98 하나님이 공평해요?

우선 사람들은
자신에게 없는 걸 상대방이 갖고 있으면
불공평하다고 생각해.
그걸 가져야만 공평하다고 생각한단 말이야.

그럼 거꾸로 상대방이 없기 때문에
나도 없게 만드는 건 공평해?
그것도 불공평하다고 할 거잖아.

사실 우리는 객관적일 수가 없어.
그래서 공평하신 하나님을 바라보기가 쉽지 않아.
공평하시기 위해서 내 것을 빼앗는다?
이게 어떻게 공평이 되겠어.
불만이 되겠지.

하나님은 인간의 성품을 너무 잘 아셔서
무슨 일을 하셨냐면
돈이 많냐 적냐,

장애가 있냐 없냐,
지식이 있냐 없냐,
재능이 있냐 없냐와
상관없이 하나님을 아버지라고
부를 수 있는 공평한 은혜를 허락하셨어.

너무나 공평하지 않아?
돈이 많다고 부를 수 있는 것도 아니고,
적다고 못 부르는 것도 아니고,
모두가 하나님을 아버지라고 부를 수 있게 하신
공평하신 하나님.

그래서 난 하나님이 너무너무 공평하시다고 생각해.

내가 어떤 처지에 있든지,
내가 어떤 상황에 있든지,
하나님은 나를 아들이라고 부르기를
부끄러워하지 않으시고,
예수님은 나를 형제라고 부르기를
부끄러워하지 않으신대.

얼마나 공평하니!

MZ! MZ! M~~~Z!

보통 MZ세대라고 하면
15세~40세 사이에 있는 사람들인데
공동체성보다는 개인주의가 높고,
압도적으로 문화를 주도하고 있고,
온라인을 잘 활용할 수 있는 세대라고
이야기하지.

그러다보니
MZ세대들한테는 접근하는 방식이 달라야 한다,
그러면 복음도 이들에게 맞게 표현하냐고
많이들 이야기하는데
나는 접근 방식은 다양할 수 있다고 생각해.

사람의 마음을 여는 방법은 다양할 수 있어.
그런데 상황과 문화, 문명은 발전하고 바뀌어도
진리는 바뀐 적이 없어.

사람들이 좋아하는 가치와 가치관은 바뀌어도
복음이라는 가치와 말씀이라는 가치는
바뀐 적이 없다고.

더 웃긴 건 뭔 줄 알아?
사람들이 좋아하는 가치는 바뀌었어도
소중하다고 생각하는 것을 대하는 태도는
안 바뀌었어.

자신이 원하는 것에는
모든 시간과 열정, 에너지를 쏟아내기를
아까워하지 않는 태도는 똑같다고 생각해.

그렇다면 복음에 대하여 나타나는 태도가
이전과 다르다는 게 과연 문화 때문일까?
아니면 복음을 대하는 태도 때문일까?
이것부터 확인해봐야 한다고 생각해.

나에게 복음은 여전히 인생을 걸 만한 가치이고,
시간과 열정, 에너지를 쏟아도 전혀 아깝지 않고,
후회하지 않을 만한 가치이고,
다시 산다고 해도 또다시

이런 삶을 살고 싶을 만큼의 가치가 있어.

MZ세대들한테는 복음을 따로 전한다?
글쎄. 모든 것을 총동원해서 접근하는 것은 맞지만,
예수님이 어떤 세대든지, 어떤 사람들이든지,
절대 양보하지 않은 가치가 있다는 걸 알려주고 싶어.

"누구든지 나를 따라오려거든 자기를 부인하고
자기 십자가를 지고 나를 따를 것이니라."
이 가치는 양보하지 않으셨어.

복음의 가치가 충분히 전달되면
그들도 동일한 열정으로 뛰어들 수 있을 거라고 믿어.

또 한 가지 명심할 것은
그들에게 복음이라는 가치를 가치답게
전해준 적은 있었는지 살펴봐야 한다는 거야.

그들이 살아가던 삶의 스타일이 있는데
익숙한 삶의 방향을 바꾸려면
그만큼 충격적인 내용이어야 할 거 아니야.
과연 우리가 들려준 내용이

그들의 삶을 뒤집어엎을 만큼
충격적인 내용이었는지
한번 살펴볼 필요가 있다는 말이야.

복음을 양보하지 않고, 타협하지 않고,
제대로 전하면 사람들은 반드시 반응해.

그래서 누구든지, 어떤 상황이든지,
복음은 복음이 될 수 있다고 믿어.

MZ세대들도 예외는 아니다.

은혜를 받았는데 어떻게 지켜야 할지 모르겠다?
단순해.
네가 지키려고 하니까 안 되지.

예수님이 물 위로 걸어오셨을 때
베드로가 자기도 걷겠다고 했잖아.
배에서 내려 첫걸음을 뗐는데 물 위를 걸었어.
이게 누구 능력이야?
예수님 능력으로 된 거잖아.

그럼 그다음 걸음을 누구 능력으로 가야 해?
예수님의 능력으로 가야 해.
자기가 가려고 하면 안 된다고.
첫걸음부터 이미 자기 능력으로 간 게 아니었단 말이야.
그러니까 모든 걸음은
예수님의 능력으로만 갈 수 있다는 거야.

이것만 분명하게 기억해.

은혜는 내가 지키는 게 아니라
은혜가 나를 지키는 거다.
내가 말씀을 지키는 게 아니라
말씀이 나를 지키는 거다.

신앙고민 백문백답

초판 1쇄 발행	2023년 5월 30일
초판 3쇄 발행	2025년 3월 26일

지은이	김선교

펴낸이	여진구		
책임편집	안수경 김도연		
편집	이영주 박소영 최현수 구주은 김아진 정아혜		
책임디자인	마영애 노지현 조은혜 정은혜		
홍보 · 외서	진효지		
마케팅	김상순 강성민	마케팅지원	최영배 정나영
제작	조영석 허병용	경영지원	김혜경 김경희

303비전성경암송학교 유니게 과정
이슬비전도학교 / 303비전성경암송학교 / 303비전꿈나무장학회

펴낸곳	규장

주소 06770 서울시 서초구 매헌로 16길 20(양재2동) 규장선교센터
전화 02)578-0003   팩스 02)578-7332
이메일 kyujang0691@gmail.com   홈페이지 www.kyujang.com
페이스북 facebook.com/kyujangbook   인스타그램 instagram.com/kyujang_com
카카오스토리 story.kakao.com/kyujangbook
등록일 1978.8.14. 제1-22

ⓒ 저자와의 협약 아래 인지는 생략되었습니다.
이 출판물은 저작권법에 의해 보호를 받는 저작물이므로 무단 전재와 무단 복제를 할 수 없습니다.

책값 뒤표지에 있습니다.
ISBN 979 - 11 - 6504 - 436 - 7 03230

규 | 장 | 수 | 칙

1. 기도로 기획하고 기도로 제작한다.
2. 오직 그리스도의 성품을 사모하는 독자가 원하고 필요로 하는 책만을 출판한다.
3. 한 활자 한 문장에 온 정성을 쏟는다.
4. 성실과 정확을 생명으로 삼고 일한다.
5. 긍정적이며 적극적인 신앙과 신행일치에의 안내자의 사명을 다한다.
6. 충고와 조언을 항상 감사로 경청한다.
7. 지상목표는 문서선교에 있다.

하나님을 사랑하는 자 곧 그의 뜻대로 부르심을 입은 자들에게는 모든 것이 合力하여 善을 이루느니라(롬 8:28)

Member of the
Evangelical Christian
Publishers Association

규장은 문서를 통해 복음전파와 신앙교육에 주력하는 국제적 출판사들의
협의체인 복음주의출판협회(E.C.P.A:Evangelical Christian Publishers
Association)의 출판정신에 동참하는 회원(Associate Member)입니다.